Seja ouvido!

Caro leitor,

Queremos saber sua opinião sobre nossos livros. Após sua leitura, acesse nosso *site* (www.editoragente.com.br), cadastre-se e contribua com sugestões, críticas e elogios.

Boa leitura!

Seja ouvido!

Como fazer o público comprar suas ideias

MARK MAGNACCA

Prefácio de Nancy Assad
autora da obra *Media training* e especialista em comunicação estratégica

Tradução
Leonardo Abramowicz

Gente editora

Gerente Editorial
Eduardo Viegas Meireles Villela
Editora-Assistente
Cláudia Elissa Rondelli
Editora de Desenvolvimento de Texto
Juliana Nogueira Luiz
Editora Produção Editorial
Rosângela de Araujo Pinheiro Barbosa
Controle de Produção
Elaine Cristina Ferreira de Lima
Produção editorial
Casa de Ideias
Tradução
Leonardo Abramowicz
Capa
Casa de Ideias
Impressão
Arvato do Brasil Gráfica

Rua Pedro Soares de Almeida, 114
São Paulo, SP – CEP 05029-030
Telefone (11) 3670-2500
Site: http://www.editoragente.com.br
E-mail: gente@editoragente.com.br

Dados Internacionais de Catalogação na Publicação (CIP)
(Câmara Brasileira do Livro, SP, Brasil)

Magnacca, Mark
Seja ouvido! – Como fazer o público comprar suas ideias / Mark Magnacca ; tradução Leonardo Abramowicz. – São Paulo : Editora Gente, 2010.

Título original: *So what? How to communicate what really matters to your audience*
ISBN 978-85-7312-688-4

1. Comunicação empresarial 2. Comunicação interpessoal 3. Comunicação nos negócios I. Título.

10-01473 CDD-658.45

Índice para catálogo sistemático:
1. Comunicação empresarial : Administração de empresas 658.45

Este livro é dedicado à minha esposa e alma gêmea Kristen.

Como minha conselheira, ajudou-me a entender o que realmente importa.

Sou grato a ela pelo apoio inabalável, pela incrível intuição e pela ajuda para que eu entendesse o poder de mudar a questão de "em que isso me interessa?" para "em que isso interessa a eles?"

Em memória de Jeff Goldberg, que ajudou a mudar minha trajetória ao se preocupar o suficiente para perguntar "e daí?"

Em memória de Richard B. Ross, cuja vida foi um exemplo do que é possível quando você tem uma "mentalidade e daí".

AGRADECIMENTOS

Quero agradecer a muitas pessoas — clientes, parceiros, amigos e minha família — que se desdobraram para me ajudar a transformar essa ideia em realidade.

Aos clientes da Insight Development Group, Inc. — todos deram sua contribuição para tornar essa ideia melhor. Em particular a:

- Noel Anderson e Pat Kane, por tornar realidade nosso site de treinamento;
- Andy Reiss e Al Cohn, por ajudar a espalhar minha mensagem;
- Ed Cosgrove, por manter a "chama acesa";
- Al Martella, por me ajudar a compreender o poder de ouvir antes de falar;
- George Veazey e Jon Taylor, por demonstrar elegância sob pressão;
- Laura Palmer, Brian Nelson e Chris Bilello, por demonstrar a importância da "lembrança e daí" independentemente do clima econômico.

À equipe da Pacific Life Management — Jim Morris, Bill Robinson, Dewey Bushaw, Chris Van Mierlo, Bob Bruno, John White, Stuart Holland, Jack Hunter, George Paulik, Paul Croxton, Mike Curry, George McFadden, Mark Johnson, Vince Spera, Bruce McKibbin, Kevin Berwald, Mike Miranne, Chris Ratchford e Brad Armstrong —, obrigado pela oportunidade de ajudar a mudar uma pequena parte do mundo com o pensamento "e daí".

A meus amigos e conselheiros — Craig Bandes, Doug Dubiel, Michael Elkin, John Evans, Tony Jeary, Rob Klitz, Lisa Knox, John Lotka, Frank Maselli, Donald Moine, Alan Parisse, John Peterson, Tomas Pineda, Shannah Poccini, Trent Smock, Dan Sullivan, Dan Taylor, Brian Tracy e Ami Tully-Lotka —, obrigado por seu retorno, apoio e encorajamento ao longo do caminho.

A Neil Wood — cujos entusiasmo, atitude e mentalidade olímpica ensinaram-me o poder da perseverança e que a vida é uma maratona, e não uma corrida de cem metros rasos.

Ao meu Forum One Group — Bill Kazman, Yuchun Lee, John Miller, Marty Murphy, Cris Peterson, Mario Ricciardelli, Matt Rosenthal, Eric Silverman. Esse excelente grupo de jovens empreendedores tem me inspirado todos os meses por mais de uma década com sua dedicação, percepção e humor.

À minha família — Kristen, Cole e Grace, que me deram a chance de praticar o que eu prego —, obrigado por seu incondicional apoio e infinito incentivo.

Ao meu pai, Robert Magnacca, minha mãe e padrasto, Diana e Dene Truax, meu irmão, Scott Magnacca, e minha sogra, Ginger Nehring — obrigado por sua ajuda e apoio ao longo do caminho e por me ajudar a acreditar que tudo é possível.

Ao meu agente John Willig, que perseverou até a conclusão.

À minha editora Jennifer Simon e equipe da Pearson/FT Press — obrigado por sua orientação e capacidade de fazer as melhores perguntas.

À equipe da Insight Development — Paul B. Brown, Eric Delin, Diane Donnely, Jonathan Follett, Eleanor Uddo e Dave Yoken —, obrigado por tudo o que fazem para ajudar a transformar nossas ideias em realidade.

E, por último, mas não menos importante, à minha assistente Annie Taber, cuja criatividade, atenção aos detalhes, paciência infinita e lindo escritório à beira do lago tornaram muito mais fácil escrever este livro.

PREFÁCIO À EDIÇÃO BRASILEIRA

Quando surgiu nos Estados Unidos, o livro *Seja ouvido! – Como fazer o público comprar suas ideias* apresentava um pensamento inovador para a Comunicação nos nossos tempos. A pergunta que permeia todo o livro – "e daí?" – é simples, inquisitiva como o olhar desafiador de quem busca desvendar verdades nos lábios de outrem, certeira como a voz determinada de quem sabe o que quer, rápida como o gatilho intelectual de quem sabe se comunicar. Assim, o autor Mark Magnacca transformou esses pequenos verbetes em duas palavras-chave para entender o processo comunicativo na contemporaneidade.

O verdadeiro trunfo desta obra de Mark Magnacca é o poder de ensinar ao leitor como responder à questão "e daí?", uma vez que a Comunicação só é eficaz se conjugada com as necessidades do público-alvo. Ao focalizar as demandas do ouvinte, o autor chama a atenção para o outro polo do fluxo comunicativo. Não basta saber se comunicar, com técnicas e pressupostos teóricos, é imperativo saber comunicar o que é realmente importante para o público. A mensagem não pode ser "perfeita" por si só, pois é preciso que ela seja *perfeitamente* compreensível e compreendida por outras pessoas. Assim, a Comunicação deve considerar o texto e o contexto em que se desenrola, abordando pontos cardeais, como: *Para quem* você está se comunicando? *Para que* essa comunicação é necessária? *Por que* esse diálogo é importante para o outro?

Na verdade, o conceito inovador de Magnacca surpreende, pois, sobretudo na sociedade contemporânea marcada pelo individualismo e egocentrismo, não fomos ensinados a pensar na alteridade. No que diz respeito à Comunicação, frisa o autor, fomos ensinados a pensar que tudo gira em torno de nós, e não dos outros: "Quando a questão é comunicação, fomos ensinados que 'trata-se de nós', em vez de 'trata-se deles'". Mas esse cenário tende a mudar e é preciso que estejamos na dianteira dessa transformação.

Este é, sem dúvida, o grande diferencial do livro, elaborado ao longo de cinco anos por um dos líderes mundiais em consultoria de vendas. Magnacca, presidente do Insight Development Group, seguiu à risca a ousadia incumbida a todo cientista inovador e revolucionário: experiências. A fim de testar a validade de suas ideias teóricas, o autor transformou a própria vida em um laboratório de Comunicação, experimentando tanto na sua vida pessoal quanto na sua agenda empresarial os conceitos arrojados que ensaiava para a confecção de sua obra-prima. Por conseguinte, o livro conta com dicas práticas, orientações, exemplos ilustrativos e séries de exercícios, todos testados e aprovados por consultores e profissionais de vendas expoentes no mercado moderno.

É com imenso prazer que abro alas para a chegada desta obra ao Brasil, com as boas-vindas de quem há tempos espera por uma visita como essa. O leitor mais inspirado pelos ares audaciosos que circundam o livro poderia disparar-me a questão: "e daí?". Com tranquilidade, em resposta eu lhe indicaria a leitura integral destas páginas, com a certeza de que, no final, o leitor suspirará: "Aí está. Esse é o modelo de Comunicação de que todos nós precisamos nos dias de hoje".

— Nancy Assad
Autora da obra *Media training* e especialista em comunicação estratégica

PREFÁCIO

Este livro oferece uma nova maneira de pensar, tornando-o indispensável em qualquer ambiente econômico. É também uma obra com conceitos e princípios já testados e aprovados.

Mark me contatou cerca de dez anos atrás, depois de ter lido meu livro *Inspire any audience* [Inspire qualquer audiência], e disse: "Quero que você seja meu coach*". Eu acho ótimo, assim como ele, orientar aqueles que querem vencer, ter mais experiências e ampliar seu valor. Ano após ano eu o vi estudar o assunto "apresentações" e se tornar um dos melhores orientadores sobre o tema que conheço.

Mark tem a habilidade única de orientar e apresentar, tornando intuitiva a aplicação das técnicas e ferramentas. De fato, de todas as pessoas que orientei nos últimos 25 anos — mais de mil, incluindo os presidentes do Walmart, do Sam's Club, da Samsung, da Ford, da EDS e da Shell — não houve nenhuma como Mark. Uma das grandes alegrias de ser um coach é ver seus "jogadores" vencerem. Tem sido parte de minha alegria vê-lo crescer e alavancar sua especialização para ajudar tantos outros.

Embora existam inúmeros livros sobre comunicação/apresentação/"pense de forma diferente", nunca houve um que focasse de maneira mais simples e clara as duas questões mais importantes para qualquer audiência. Muitos outros livros focam as necessidades da pessoa que está

---

* Instrutor, treinador, orientador ou tutor. (N.T.)

falando. Este prega que a única coisa que interessa é aquilo que é importante para quem está ouvindo.

Os líderes, políticos e executivos mais eficazes sabem como fazer isso. Eles sempre respondem à questão "e daí?", implícita, toda vez que se comunicam.

Pegue seu marca-texto e coloque seu chapéu de pensador para que possa apreciar e aprender com este livro. Destaque os pontos-chave, estude cada página e compartilhe as ideias e ferramentas com sua equipe e colegas. Inscreva-se no desafio de 21 dias do Capítulo 10, "Saindo de onde você está para onde quer chegar" e esforce-se para que essas ideias façam parte de quem você é.

Guarde este livro, coloque seus princípios em prática e observe os excelentes resultados.

— Tony Jeary — Mr. Presentation™
Coach dos maiores CEOs do mundo

SUMÁRIO

CAPÍTULO UM

O QUE VOCÊ **PRECISA SABER**

> "AGUCE SEU INTERESSE EM DOIS ASSUNTOS PRINCIPAIS: VIDA E PESSOAS. VOCÊ SOMENTE COLETARÁ INFORMAÇÕES DE UMA FONTE SE ESTIVER INTERESSADO NELA."
>
> — JIM ROHN

As pessoas com as quais você está tentando se comunicar, para as quais está tentando vender ou as quais está tentando alcançar não estão realmente focadas em você ou no que tenha a oferecer até que percebam como aquilo que você possui pode beneficiá-las.

Se tiver isso em mente toda vez que fizer um discurso, uma apresentação de vendas, elaborar um memorando para um cliente ou simplesmente falar com alguém no corredor, você:

- envolverá sua audiência porque será mais relevante;
- ganhará mais dinheiro;
- conseguirá o que quer na vida.

Em outras palavras, se você ajudar muitas pessoas a conseguirem o que querem, mostrando e explicando como aquilo que tem pode beneficiá-las, obterá qualquer coisa que deseje.

Simples assim. Mas não deixe que a simplicidade o engane. Essa é uma ideia sedutoramente objetiva que até agora tem sido muito difícil de aplicar de verdade.

Por quê? A maioria de nós não foi treinada para pensar dessa maneira. Quando a questão é comunicação, fomos ensinados que "trata-se de nós", em vez de "trata-se deles". Normalmente pensamos que ela depende das palavras que usamos, de nossa aparência e de mostrar como somos espertos.

Como resultado, quando falamos com as pessoas, dizemos: "Vou falar sobre meu produto, meu serviço, minha ideia, minha campanha".

Durante boa parte do século XX essa abordagem funcionou muito bem. As pessoas com as quais falávamos tinham um número limitado de opções quando se tratava de obter informações, assim elas estavam dispostas a tolerar, pois a alternativa — ir à biblioteca ou fazer um monte de telefonemas — era difícil.

Mas isso era naquela época. Hoje, quando qualquer um pode encontrar informações sobre qualquer assunto com apenas alguns toques em um dispositivo de busca como o Google, essa forma de pensamento é considerada extremamente desatualizada.

Não estou dizendo que construir toda a mensagem em torno de você não funcione. Você certamente consegue lembrar de situações em que alguém falou apenas de si mesmo e sobre o que era importante para ele, e mesmo assim você continuou interessado. Mas aposto que não consegue lembrar de muitos casos.

Nas páginas seguintes você verá de que forma pessoas como George Lucas, Ronald Reagan, Steve Jobs e John F. Kennedy utilizaram instintivamente a questão "e daí" a seu favor — e a nosso também. Eles focavam o que era importante para suas audiências e, como resultado, foram altamente eficazes.

Você pode estar pensando: "Como eu poderia fazer o que qualquer um deles fez?" Bem, é aqui que eu entro.

Você aprenderá dez maneiras de aplicar esse poderoso conceito, que o ajudará a mudar automaticamente a forma de se comunicar, de "eis o que quero que aconteça" para "eis como minha mensagem pode beneficiar você (minha audiência)".

Mostrarei como se manter focado no que mais interessa ao público, de forma que ele entenda rapidamente qual seria o benefício para ele e o que você está oferecendo.

Ao final da leitura deste livro você saberá identificar a melhor maneira de comunicar sua mensagem para envolver sua audiência de forma que ela queira segui-lo.

Eu queria poder dizer que as ideias que compartilharei com você são algo que sempre soube e utilizei, mas isso não é verdade. De fato, consegui entender o poder da questão "e daí" baseado no estudo de meus próprios erros, assim como no dos erros — e acertos — da comunicação de pessoas que ajudaram a mudar o mundo.

PRATICAR O QUE PREGO

Este livro foi organizado para beneficiá-lo ao máximo. Cada capítulo o ajudará a entender **POR QUE** a questão "e daí" é importante tanto para sua vida pessoal quanto para os negócios, e lhe dará ferramentas específicas, mostrando

COMO aplicar o que aprendeu. Leia-o na ordem que escolher — do início ao fim ou pulando capítulos para resolver problemas específicos.

Ao terminar a leitura deste livro, você entenderá que, se puder antecipar — e abordar — a questão "e daí" que está na mente de seu público, terá muito mais sucesso na vida e nos negócios. (É verdade, a questão "e daí" funciona em mais coisas além dos negócios).

Entendo que isso parece uma grande promessa, mas o que pretendo compartilhar já foi testado com pessoas iguais a você — pessoas com metas a atingir, produtos e serviços a vender, receitas a gerar e ideias a transformar em realidade.

Eles obtiveram êxito.

E você também pode conseguir.

Vamos começar.

IDEIAS PARA GUARDAR

1. As pessoas com as quais você está tentando se comunicar, para as quais quer vender ou as quais quer alcançar não estão realmente preocupadas com você ou com o que tenha para oferecer até que percebam de que maneira aquilo que você possui poderá beneficiá-las.
2. Quero lhe contar sobre meu produto, meu serviço, minha campanha... Essa abordagem funcionou no século XX, mas agora está desatualizada.
3. Adote essa nova maneira de pensar e o retorno será um público engajado, mais dinheiro e a obtenção daquilo que você quer para a vida.

CAPÍTULO DOIS

MUDE SUA MANEIRA DE PENSAR, **MUDE SUA VIDA**

> “QUANDO VOCÊ MUDA A MANEIRA COMO OLHA PARA AS COISAS, AS COISAS PARA AS QUAIS VOCÊ OLHA MUDAM.”
>
> — WAYNE DYER

É a abertura mais conhecida de qualquer filme jamais criado. *Guerra nas estrelas* começa com essas palavras fluindo pela tela: "Há muito tempo, em uma galáxia muito distante..." e imediatamente você está na história de como um simples menino do campo, ajudado por alguns aliados, tenta salvar o universo e uma linda princesa de um imperador psicopata.

Mas se os Directors Guild of América (DGA)* fizessem da maneira deles, nós nunca teríamos visto essa abertura.

No lugar dela veríamos uma série de créditos, como o nome do diretor, do roteirista, dos atores e dos principais elementos da equipe de produção. Somente depois é que a história começaria. As regras do sindicato exigem que os créditos venham antes.

---

* Sindicato trabalhista que representa os diretores de filme e de televisão da indústria cinematográfica dos Estados Unidos. (N.T.)

Seria difícil pensar em uma maneira mais chata de começar um filme de ação.

O diretor George Lucas (que também escreveu o roteiro) sabia disso. E negociou (com sucesso) uma permissão especial com o DGA para criar essa memorável abertura.

George Lucas quebrou as regras existentes e a mentalidade convencional que na época permeava o pensamento da indústria cinematográfica. Como um cavaleiro Jedi, Lucas fez uso da "**mentalidade e daí**" — a ideia de que as necessidades de seu público sempre vêm em primeiro lugar. Como consequência disso, ele mudou a maneira de as pessoas pensarem sobre como os filmes são feitos.[1]

Em 2005, de acordo com a revista *Forbes*, a franquia *Guerra nas estrelas*, durante seus 28 anos de história, produziu uma receita de cerca de 20 bilhões de dólares, o que a tornou uma das séries de filmes mais bem-sucedidas de todos os tempos, e George Lucas passou a ser um dos diretores e empreendedores com o maior êxito da história. Quero deixar claro que não estou dizendo que ter os créditos no início de um filme é necessariamente errado. Como comparação, a segunda franquia de filmes mais lucrativa,

---

1 Em uma das grandes ironias de todos os tempos, quando completou a sequência de *Guerras nas estrelas*, com o filme *O império contra-ataca*, Lucas assumiu que lhe seria dada a permissão para fazer a mesma coisa com os créditos, como havia feito inicialmente — isto é, deixá-los para o fim do filme. Ele estava errado. O DGA não apenas não deu a permissão como multou ele e seu diretor (Irvin Kershner) em 250 mil dólares e ameaçou entrar com uma ação judicial para impedir a estreia do filme. Lucas pagou as multas, mas saiu do DGA, decidindo que para ele era mais importante oferecer ao seu público a melhor experiência possível.

os filmes de James Bond, incluíam os créditos (em branco e preto) no começo de cada filme; entretanto, a forma como a abertura é estruturada, com música, imagem e o famoso tiro de revólver (quando a tela fica vermelha), permite que a série James Bond chame a atenção da audiência de forma bastante diferente e relevante.

A questão é que existem muitas maneiras de aplicar a "mentalidade e daí", mas a estratégia por trás dela é sempre a mesma — ou seja, você precisa colocar as necessidades de seu público em primeiro lugar, não importando o que esteja querendo vender (um produto, um serviço ou um filme).

As táticas utilizadas para essa execução podem ser tão diferentes quanto as da abertura de *Guerra nas estrelas* ou dos filmes de James Bond, mas a estratégia em si permanece a mesma.

ELA O MANTÉM ATUALIZADO

Um dos principais benefícios de adotar a "mentalidade e daí" é a capacidade de permanecer relevante mesmo com as mudanças no tempo. Vamos nos ater aos filmes para analisar esse ponto.

Lawrence das Arábias — vencedor de sete prêmios da Academia, incluindo o de melhor filme — começa com uma abertura de quatro minutos e tem um intervalo depois das primeiras duas horas (o filme tem quase quatro horas).

Quando foi lançado, em 1962, ficar sentado na poltrona do cinema esperando por quatro minutos pode ter sido aceitável, mas assistir a esse filme hoje, olhando para uma tela preta por quatro minutos enquanto se ouve a música tema — mesmo uma música tão boa quanto a de Maurice Jarre (que ganhou um Oscar por ela) —, seria uma eternidade.

Nem mesmo o mais desavisado diretor de cinema começaria um filme dessa maneira nos dias de hoje. Literalmente, seria impossível uma plateia permanecer sentada em silêncio.

Falando sobre a importância da música, em 1984 o filme *Paixões violentas* foi lançado e fracassou na bilheteria. O interessante é que a música tema, composta por Phil Collins, foi um dos maiores sucessos naquele ano. No entanto, a maioria das pessoas deixou o cinema antes de ouvir a música porque ela tocava no final, em vez de no começo. Mas por que a música vinha no final dos créditos? Porque um dos produtores adorou a ideia de utilizá-la para encerrar o filme.

Colocar a música no início teria ajudado a vender ingressos? Nunca saberemos. Mas há filmes como *Flashdance* e *Grease: nos tempos da brilhantina* que provavelmente fizeram sucesso por causa de suas músicas.

Mas por que essa discussão de créditos e músicas de filmes é importante para você? Porque é fácil cair na armadilha de fazer algo — como colocar uma grande música no final de um filme — porque *nós* gostamos, em vez de pensar sobre o que seria importante para as pessoas que comprariam os ingressos, assinariam um cheque ou consumiriam de qualquer outra forma sua mensagem.

George Lucas sabia disso, e agora você também sabe.

Por que você deveria adotar essa estratégia? Simples. Você escolheu este livro porque:

A. Não está satisfeito com a maneira como sua comunicação está sendo recebida atualmente.

B. Está satisfeito com sua habilidade como comunicador, mas sabe que poderia melhorar.

Seja qual for o caso, você se informará, no próximo capítulo, sobre a origem do "e daí?" e sobre como essa maneira de pensar transformou meu mundo.

IDEIAS PARA GUARDAR

1. Faça a si próprio a mesma pergunta que George Lucas fez para se comunicar com o público dele... o que é melhor para eles?
2. Lembre-se de que há muitas maneiras de aplicar a "mentalidade e daí". Os créditos dos filmes da série de James Bond aparecem no começo, e isso funcionou. A estratégia é sempre a mesma, ou seja, você precisa colocar as necessidades de sua audiência em primeiro lugar.
3. Não caia na armadilha de fazer algo apenas porque você gosta — considere primeiro o que é importante para seu público.

CAPÍTULO TRÊS

COMO APRENDI A **PENSAR ASSIM** — VOCÊ TAMBÉM PODE!

"EXISTEM TRÊS TIPOS DE PESSOAS:
AQUELAS QUE FAZEM ACONTECER,
AQUELAS QUE OBSERVAM ACONTECER
E AQUELAS QUE SE PERGUNTAM
O QUE ACONTECEU."

— JEFF GOLDBERG, VICE-PRESIDENTE EXECUTIVO DA EMC CORP.

Reluto em admitir isso, mas aprendi sobre a importância da questão "e daí" da maneira mais difícil. Um cliente me fez perceber que eu precisava de ajuda.

Deixe-me contar o que aconteceu e você entenderá:

1. Por que ter uma "mentalidade e daí" é tão importante.
2. Se você utilizá-la terá uma enorme vantagem competitiva.
3. Certamente, eu não tinha todas as respostas quando comecei — embora eu acreditasse de verdade que tivesse.
4. Você não precisa cometer os mesmos erros que eu e pode evitar bastante sofrimento e (como você verá) constrangimento.

Após anos treinando pessoal de vendas como palestrante e facilitador profissional, eu me sentia extremamente confiante de que estava na crista da onda — e tenho testemunhos de pessoas que ouviram minhas apresentações para provar isso. No começo de 1995 recebi um telefonema de Jeff Goldberg, vice-presidente executivo da EMC, líder mundial como desenvolvedor e provedor de soluções e tecnologia de infraestrutura de informações. Ele queria saber mais sobre meu programa de palestras, sobre o qual havia lido em um jornal local. Eu não sabia que Jeff tinha sido o responsável pelo reposicionamento da EMC — de uma pequena companhia de memórias de computador, tornou-se a empresa número um em sua categoria em termos de participação no mercado. Encontrei-me com Jeff e expliquei como funcionava meu programa; ele disse que voltaria a me ligar após discutir o assunto com sua equipe.

Ele ligou na semana seguinte e fiquei surpreso quando solicitou um segundo encontro. Quando perguntei por quê, ele disse que queria que eu desenvolvesse toda a apresentação que havia planejado fazer para a equipe dele. Disse ainda que eu precisaria fazer todo o meu discurso para uma audiência de uma única pessoa — ele — da mesma maneira que faria para sua equipe de vendas.

Meu primeiro pensamento foi: "Ele deve estar brincando! Por que ele iria querer me ver atuando antes de me contratar?"

Respirei profundamente e disse: "Sem problema, Jeff. Ficarei feliz em me apresentar para você. Mas posso perguntar o motivo?"

"Claro. Quero ter certeza de que aquilo que irá dizer é mesmo relevante para minha equipe."

Opa!

No momento em que ele disse isso, percebi que nunca havia pensado se meu conteúdo era relevante para seu pessoal ou não.

Pensando nisso agora, simplesmente parece estúpido. Mas a única coisa que posso dizer em minha fraca defesa é que:

1. Quase ninguém estava pensando nisso também. A maioria das apresentações era em via de mão única e passiva: a pessoa fazendo a palestra transmitia sua mensagem da forma mais eficaz possível e o(s) receptor(es) apenas ouvia(m). Era uma abordagem da comunicação do tipo "Mim Tarzan. Você Jane".
2. Antes da internet e dos dispositivos de busca como o Google, era difícil saber antecipadamente algo a respeito de sua plateia. Você precisaria passar um tempo na biblioteca ou fazer inúmeros telefonemas para encontrar alguém que soubesse algo a respeito das pessoas para as quais você iria falar.
3. É verdade que eu tinha uma mensagem que funcionava. Eu sabia (como você provavelmente também) que poderia me comunicar melhor, mas pensava: "Por que mexer em time que está ganhando?"

Minha preparação para qualquer tipo de interação era baseada em trazer exemplos interessantes, que destacassem meus pontos positivos, e garantir que minha história de abertura fosse engraçada. Na verdade, até que Jeff me perguntasse eu nunca havia pensado em qualquer detalhe a respeito das necessidades da audiência... ou mesmo sobre em que realmente consistia o trabalho deles. Afinal, como eles vendiam soluções em infraestrutura de tecnologia?

Procurando ganhar tempo, eu disse a Jeff: "Não consigo fazer direito apresentando apenas para você".

"Por que não?"

Eu não tinha uma boa resposta e decidi que seria melhor parar de arranjar desculpas. Marcamos um horário na semana seguinte, quando eu faria minha apresentação para Jeff.

Era estranho falar para apenas uma pessoa, mas fiz isso do começo ao fim enquanto Jeff, sentado na outra ponta da mesa, fazia anotações ocasionais.

Quando terminei, tomei um gole de água e perguntei: "Então, o que você achou?"

Jeff respondeu: "Qual é o propósito de sua apresentação?"

"Ajudar o pessoal de vendas a ampliar sua zona de conforto."

"Ok. Mas e daí? Por que eles deveriam se preocupar com isso? Qual é o benefício de ampliar a zona de conforto?"

Pela segunda vez em pouco tempo Jeff me deixou sem ação com uma de suas perguntas. Ele queria que eu repensasse totalmente a maneira com que fiz minha apresentação.

Ele estava (firmemente) propondo que eu me concentrasse naquilo que minha audiência precisava ouvir, em vez de no que eu queria dizer.

Fiquei tão atordoado com a sugestão que fiquei olhando para ele por um momento. Nunca havia perdido muito tempo pensando sobre minha comunicação do ponto de vista da audiência.

Após superar o choque percebi que ele estava absolutamente certo. É claro que eu seria mais bem-sucedido se pudesse mostrar à equipe de vendas de que maneira ela poderia se beneficiar de minha mensagem. Ajudá-la a ter sucesso me ajudaria a ter sucesso também.

Fiz uma pausa. Respirei fundo e tentei repensar tudo o que tinha planejado falar com base na perspectiva da equipe de vendas. Foi então que percebi que não tinha a resposta para a questão. "Qual é o propósito da apresentação?" Rapidamente me dei conta de que precisava assumir uma nova abordagem e pedir ajuda. Perguntei ao Jeff: "Qual é o maior desafio que você acredita que seu pessoal de vendas está enfrentando para atingir sua meta?"

Jeff fez uma pausa e respondeu: "Complacência".

Eu indaguei então: "Você poderia me falar um pouco mais sobre o que isso significa?"

Ele disse: "É fácil se acomodar quando você obtém o sucesso que alcançamos nos últimos anos. O que fez esta empresa crescer foi o espírito empreendedor que motiva as pessoas a irem um pouco além pelos clientes, mas não garantindo nada".

"Jeff, de acordo com o que você me disse, o maior desafio de sua equipe é a complacência. Minha palestra é concebida para lembrar seu pessoal do que é capaz quando sai da zona de conforto."

Ele me ouvia, mas estava claro que ainda não tinha comprado a ideia.

"Está bem", ele falou. "Isso é verdade, mas e daí? Que benefícios eles receberão se forçarem a si mesmos?"

Eu não tinha me dado conta, mas Jeff estava me pedindo para ir além. Reduzido a sua absoluta essência, ele queria saber qual seria o valor real de minha mensagem à audiência e de que maneira ela ajudaria a superar a complacência.

Pensei um pouco e disse: "Jeff, obrigado por me ajudar a entender esse desafio. Acredito que a única maneira de a equipe de vendas atingir as metas estabelecidas é fazer com que ela mude sua mentalidade e saia da zona de conforto. O seminário a ajudará a alcançar isso, oferecendo uma estratégia específica, histórias motivadoras, assim como técnicas e ferramentas para assegurar que ela não tenha seus clientes como fato consumado".

Finalmente Jeff sorriu.

"Agora eu entendo o que você está oferecendo tanto para eles quanto para mim", ele falou. "Especifique esses pontos durante sua palestra, e podemos começar."

O que eu finalmente compreendi quando comecei a trabalhar na revisão de minha apresentação (que seria preparada para responder às questões "e daí" que borbulhavam na mente do pessoal de vendas da EMC) é que a maioria de nós sabe a resposta da questão "e daí", mas deixa de respondê-la por causa de:

- **Complacência.** (Eu tinha um discurso muito bom que funcionou durante anos.) Ficamos habituados a fazer as coisas sempre da mesma forma.
- **Foco centrado em nós mesmos.** Por estarmos tão concentrados naquilo que estamos tentando dizer, esquecemos das necessidades de nossa audiência.

- **Falta de curiosidade.** Preferimos nos concentrar em nós mesmos, em vez de nos outros.

Pensando nisso tudo, lembrei-me do que o professor Ted Levitt, da Harvard Business School, costumava dizer: "As pessoas não vão a uma loja de equipamentos para comprar uma furadeira de ¼ de polegada. Elas vão porque querem fazer buracos de ¼ de polegada".

Eu estava tão ocupado tentando vender para a EMC a minha "versão de furadeira" que esqueci completamente o motivo pelo qual eles "queriam a furadeira".

Na revisão da palestra concentrei-me em assegurar que a minha audiência soubesse o que havia nela para eles.

E será que minha nova abordagem funcionou?

Pode apostar. Quando terminei minha apresentação, a equipe de vendas da EMC compreendeu que, para chegar aonde pretendiam — a liderança do setor —, não bastaria apenas um esforço adicional. Seria necessária uma mudança radical (e o restante da palestra foi gasto explicando que tipo de mudança e como fazê-la).

A apresentação na EMC foi tão bem-sucedida que me pediram uma nova apresentação para o próximo grupo de contratados. E passei a utilizar a abordagem de responder à questão "e daí" em cada palestra que conduzi a partir de então.

Dez anos e mais de dez mil pessoas depois, a mensagem que desenvolvi ainda era relevante na EMC por causa da questão "e daí" — mesmo com o constrangimento que tive de passar ao entender quão poderosa é a "mentalidade e daí".

IDEIAS PARA GUARDAR

1. **Complacência**. Não importa quão bom comunicador você seja, esteja disponível para pensar as coisas de uma maneira nova se você adquiriu o hábito de fazer sempre da mesma forma.
2. **Foco centrado em si mesmo.** Tenha o cuidado de não se concentrar demais no que está tentando dizer, esquecendo as necessidades de sua audiência.
3. **Falta de curiosidade.** Desenvolver uma mente inquisitiva se traduz em interesse genuíno em atender às necessidades de sua audiência (dizer "vejam como vocês, vendedores da EMC, serão capazes de ganhar mais dinheiro como resultado do que tenho a dizer", em vez de "deixem-me contar o que funcionou para mim").

CAPÍTULO QUATRO

SUA VISÃO DE MUNDO — TORNANDO VISÍVEL O INVISÍVEL

> “O QUE CONSIDERAMOS
> O MOMENTO DA DESCOBERTA
> É NA VERDADE A DESCOBERTA
> DA QUESTÃO CORRETA.”
>
> — JONAS SALK

Alguns anos atrás, entrei em uma loja para comprar um par de óculos de sol.

O vendedor no balcão me perguntou se eu preferia lentes polarizadas.

Eu disse que não sabia a diferença. Ele apontou para um pôster na parede e me pediu para olhar com meus atuais óculos de sol, sem lentes polarizadas, e dizer o que eu via.

Disse que parecia um pedaço de coral contra um fundo acinzentado.

Em seguida, ele me deu os óculos de sol com lentes polarizadas e me pediu para olhar para o mesmo pôster. Não pude acreditar no que vi! O pôster se transformou em um recife de coral tropical com águas azuis e peixes coloridos. Estava lá o tempo todo, mas eu não consegui ver.

O vendedor explicou que o filtro polarizado da lente permitia a visão de cores mais vívidas — poderia ver, por exemplo, alguns peixes que normalmente não seriam visíveis com óculos de sol não polarizados.

Eu continuava cético, mas, mesmo assim, comprei os óculos.

Nunca me esquecerei de quando caminhei na praia na primeira vez com esses óculos. A mesma praia New England em que estive no dia anterior de repente parecia uma praia do Caribe. A típica água verde-azulada escura do Cabo Cape Cod repentinamente passou a ter um brilho turquesa e azul-claro. Eu até conseguia ver cores diferentes com a profundidade da água!

Quando tirei os óculos, todas essas imagens bonitas desapareceram.

Mas o que isso tem a ver com você? É simples. O "filtro e daí" — muito parecido com o filtro em minhas lentes polarizadas — muda sua visão de mundo e permite que você veja as informações de uma nova maneira.

A utilização do "filtro e daí" permitirá que você identifique os benefícios à pessoa com quem interage de forma tão clara quanto o recife de coral e os peixes. Como resultado, você organizará a informação de maneira que sua audiência compreenda instantaneamente o que está oferecendo.

Eis um exemplo. Por muitos anos trabalhei como coach ajudando as pessoas a tornar suas mensagens mais relevantes e eficazes. Para entender exatamente como eu poderia ajudá-las, sempre começava meu curso de dois dias pedindo a eles que me fizessem uma apresentação com a seguinte orientação: suponha que você tem 20 minutos para desenvolver sua "fala", mas o cliente diz que, por uma mudança no cronograma, você terá somente três minutos. Embora esse seja um desafio para a maioria das pessoas, é bastante eficaz para demonstrar que, quando estamos sob pressão, tendemos a reverter o discurso para falar sobre o produto e suas características, em vez de comunicar o que há nele para a audiência.

O que sempre acho incrível é a quantidade de pessoas que faz exatamente o que eu fiz com Jeff Goldberg (ou seja, nunca considerar as necessidades de seu público antes de se pôr a falar). Elas soltam o discurso de vendas que lhes foi ensinado ou apresentam informações que as colocam sob os refletores ("estou entre os mais produtivos da empresa; fui o terceiro melhor vendedor no ano passado; tenho trabalhado com isso nos últimos dezoito anos") sem nunca questionar se esses comentários são relevantes para o público-alvo.

Em uma sessão, estava trabalhando com um grupo de corretores cuja meta era convencer um grupo de consultores financeiros de que seu investimento se adequava melhor às necessidades dos clientes do que aqueles normalmente utilizados.

A primeira apresentação foi típica. Ajustei o tempo para três minutos e o primeiro estudante, Mike, começou com: "Obrigado por seu tempo hoje. Quero começar contando sobre minha empresa, meu produto e eu mesmo. Minha empresa foi fundada em 1858, e temos agora mais de cinco mil empregados em todo o mundo. Também ganhamos recentemente um prêmio de satisfação do cliente e fomos considerados uma das melhores empresas para trabalhar nos Estados Unidos..."

Assim que ouvi esse discurso não pude deixar de pensar: "E daí? Por que isso seria relevante para mim ou para qualquer um no seu segmento de mercado?" Ele tinha três minutos e gastou quase todo o tempo com essas afirmações?

Depois da apresentação, orientei Mike sobre o que ele fez bem e o que poderia melhorar.

Perguntei a ele: "Uma companhia fundada em 1845 é melhor que outra fundada em 1858? Pois essa é a data em que seu principal concorrente foi fundado".

Mike disse "eu não sei", mas entendeu o ponto: a data em que sua companhia foi fundada não era uma informação importante. Ou melhor, o objetivo é explicar por que isso é importante para sua audiência.

Eu falei então: "Seu maior concorrente tem dez mil empregados, o que o torna duas vezes maior que sua empresa. Isso é bom ou ruim?" Ele disse: "Não tenho certeza, mas acho que, desde que se tenha mais de mil funcionários, isso não importa. Você já é grande o bastante".

Então perguntei: "Acho ótimo que sua companhia tenha sido considerada um dos melhores lugares para trabalhar, mas, como não estou buscando um emprego nela, por que isso seria relevante para mim como membro de seu público-alvo?"

Quanto mais eu perguntava, mais pálido Mike ficava. Eu sabia exatamente o que ele estava sentindo. Lembro-me da dor na boca do estômago que senti quando Jeff Goldberg me fez as mesmas perguntas alguns anos antes, e eu também não tinha uma boa resposta na época. Entretanto, as questões de Jeff me motivaram a repensar o propósito de minha comunicação, e felizmente minhas perguntas causaram a mesma reação em Mike.

O que ocorreu depois foi notável. Pedi para Mike refazer sua apresentação utilizando uma nova técnica chamada "ponto de partida e daí". Ele criaria sua apresentação partindo de três questões simples:

- **Para quê?** Por que motivo você está fazendo essa apresentação?
- **E daí?** Por que isso é importante para meu público-alvo?
- **E então?** O que você quer que aconteça como resultado dessa apresentação?

À medida que as pessoas foram utilizando o "ponto de partida e daí" como modelo para organizar suas ideias, palavras anteriormente tidas como crítica deixaram de sê-lo. Entreguei a cada uma delas um marcador de textos e distribuí a versão impressa de suas próprias palavras da apresentação do dia anterior, pedindo para que marcassem apenas as palavras ou conceitos que respondiam às questões Para quê? E daí? E então? Em média, menos de 20% das transcrições foram assinaladas.

Como consequência, elas filtraram 80% do que planejaram dizer. O resultado? Produziram uma mensagem melhor no segundo dia, mais eficaz. E conseguiram fazer isso em três minutos ou menos.

A segunda apresentação de Mike começou com uma nova **abertura arrebatadora**, uma maneira diferente de iniciar para imediatamente atrair a atenção da audiência:

"Vocês sabem quantos corretores de investimentos aparecem e simplesmente querem descrever seu mais novo produto? No entanto, aquilo que faço é bastante diferente. Quero falar hoje sobre o que mais importa para vocês e seus clientes: segurança, garantia e rendimento.

"Para lhes dar um panorama geral da empresa, ela foi fundada em 1858, o que é importante porque sobrevivemos às guerras, recessões, terremotos e depressões e mantivemos cada uma das promessas que fizemos aos nossos clientes. Lembrem-se disso ao fazerem um investimento que dure mais de 30 anos.

"Temos mais de cinco mil funcionários em todo o mundo, o que nos torna um sério participante do mercado, mas pequeno o suficiente para estar em contato com vocês.

"Finalmente, fomos escolhidos há pouco tempo como um dos melhores lugares para trabalhar dos Estados Unidos. Isso é importante para vocês por causa da qualidade e da experiência de nossos prestadores de serviços, que trabalham conosco há 12 anos em média. Isso significa que uma pessoa de verdade atenderá seu telefonema em menos de 30 segundos e que ela provavelmente responderá à sua dúvida logo na primeira ligação.

Usando as palavras de Dorothy Boyd (personagem de Renée Zellweger no filme *Jerry Maguire*), Mike havia ganho nossa atenção desde o "oi". Apresentar as informações nesse formato é muito diferente do que ele fazia no passado e do que o público poderia prever (a audiência esperava que Mike fizesse toda a apresentação enfatizando seu produto e ele mesmo, e não o que era importante para ela).

Mike me mandou um e-mail poucas semanas depois. Ele disse que, após fazer essa apresentação para uma grande firma corretora, percebeu que algo mudou para melhor. Não apenas 35 dos 50 membros da audiência requisitaram encontros pessoais com ele (antes considerava três ou quatro uma grande vitória), como o gerente do departamento, com quem Mike nunca havia se reunido antes, pediu que ele passasse em sua sala antes de ir embora. O gerente lhe disse que, baseado no que viu e ouviu, ele seria bem-vindo à sua filial quando quisesse.

Esse é o resultado. O "ponto de partida e daí" é fácil de utilizar quando você já possui a "mentalidade e daí". O melhor de tudo é que esse ponto de partida lhe dará um roteiro para ajudá-lo a preparar suas apresentações e realizá-las consistentemente. Cada vez que Mike utilizar o "ponto de partida e daí" ele poderá rever o que disse em sua última apresentação e fazer pequenos ajustes baseados nas necessidades de sua próxima audiência. Funcionou com Mike e poderá funcionar com você.

IDEIAS PARA GUARDAR

1. **O "filtro e daí" é como as lentes polarizadas.** Ajuda você a ver o que outros estão perdendo, apesar de estar bem diante dos olhos deles.

2. **Utilize o "ponto de partida e daí" para preparar suas apresentações.**
   - **Para quê?** Por que motivo você está fazendo essa apresentação?
   - **E daí?** Por que isso é importante para meu público-alvo?
   - **E então?** O que você quer que aconteça como resultado dessa apresentação?
3. **Depois de escrever um memorando, preparar uma palestra ou desenvolver uma apresentação em PowerPoint**, utilize um marcador de texto e exclua tudo o que não especifique ao público o que interessa a ele.

CAPÍTULO CINCO

EM QUE ISSO **INTERESSA?**

> “ESCREVA SUAS INJÚRIAS
> EM POEIRA E SEUS BENEFÍCIOS
> EM MÁRMORE.”
>
> — BEN FRANKLIN

Lançado em 1968, o inovador filme *2001: uma odisseia no espaço* nos mostrou o que seria a vida no século XXI. Em uma cena, o Dr. Haywood Floyd, a bordo da espaçonave Áries, quer contatar a Colônia Lunar Clavius para falar com sua família. Ele faz o que qualquer pai do futuro faria. Usa um telefone para ligar para casa. Floyd liga, sem as mãos, utilizando um videofone com tela de 20 polegadas que aceita até mesmo cartões de crédito.

Ao imaginar o futuro, talvez o diretor Stanley Kubrick, que também escreveu o roteiro (com Arthur C. Clarke), tenha se inspirado na Feira Mundial de Nova York de 1964, quando a AT&T apresentou pela primeira vez sua inovação em telecomunicações: o PicturePhone. Saudado como uma maravilha tecnológica, ele acabou sendo um fracasso — mas não foi por falta de esforço por parte da empresa.

Na época, a AT&T era não apenas a maior companhia do mundo, como possuía uma enorme capacitação em pesquisa e desenvolvimento, graças às suas subsidiárias Bell Labs (pesquisa) e Western Electric (desenvolvimento/fabricação). Essas duas divisões permitiram que a AT&T desenvolvesse produtos inovadores, do transistor ao telefone de discagem por tom, e os colocassem no mercado.

Esperava-se que com o PicturePhone não fosse diferente. Ele foi inventado na Bell Labs em 1956, e a AT&T o sujeitou a oito anos de testes e aperfeiçoamentos antes de lançá-lo em 1964. "Um dia você será uma estrela" era um dos slogans utilizados para promover esse equipamento de comunicações futurístico e de alta tecnologia.[1]

O apelo era simples: imagine ver a pessoa com quem está falando ao mesmo tempo que ouve sua voz.

Supondo que as pessoas desejavam fazer contato visual pelo telefone, a AT&T divulgou esse benefício como a principal razão para possuir um PicturePhone, subestimando o fato de que custaria 125 dólares por mês para alugar os telefones da Western Electric e entre 16 e 27 dólares por uma chamada de três minutos.[2]

Os executivos da AT&T tinham a expectativa de que cinco milhões de PicturePhones estariam em uso em meados dos anos 1980, gerando 5 bilhões de dólares em novas receitas com o produto.

---

1 Visite o site sowhatbook.com, em inglês, para mais fotos e detalhes.

2 Esses valores corresponderiam hoje a 107/180 dólares a chamada de três minutos.

Em 1973, depois de ter investido mais de 1 bilhão de dólares no projeto, a AT&T reconheceu que ele não era viável comercialmente e o encerrou menos de uma década após anunciar essa inovação em comunicações.[3]

Se você pesquisar sobre o que aconteceu, alguns dirão que o PicturePhone fracassou por causa do tamanho reduzido da tela e da imagem granulada, fruto da limitada largura da banda da rede. Outros dirão que foi por causa do custo elevado. Eu acredito que ambas as explicações estão incorretas.

Mais de quarenta anos após o lançamento de *2001: uma odisseia no espaço*, posso usar em meu computador Apple um dos mais simples recursos de videoconferência já criado, o iChat. Ele me permite ver gratuitamente uma imagem em qualquer tela com resolução decente por meio da internet — e mesmo assim eu raramente uso esse recurso. Às vezes utilizo para ver meus filhos ou para deixar que me mostrem algo, como um desenho ou um brinquedo que montaram, quando estou viajando.

Caso contrário, o mesmo problema que existia em 1964 continua até hoje. Na maioria dos casos, eu não preciso ver a pessoa com quem estou falando, nem estou interessado que ela me veja. O fato é que, depois que o encanto desaparece, a maioria das pessoas admitirá que atender um telefonema logo pela manhã ou tarde da noite (ou mesmo enquanto você está no trabalho) e deixar que o

3 Em 1992, a AT&T levantou novamente a ideia como parte de seu sistema de telefonia e mais uma vez não deu certo.

interlocutor o veja não é algo tão interessante a ponto de se pagar por isso.

Se os executivos da AT&T tivessem entendido o real **"benefício e daí"** do telefone — a capacidade de se conectar com qualquer um, em qualquer lugar, a qualquer hora —, eles poderiam ter investido mais tempo e energia para desenvolver novas tecnologias de voz, como os celulares, em vez de desperdiçar 1 bilhão de dólares no PicturePhone.

Compare, por exemplo, o fracasso do PicturePhone com outra tecnologia revolucionária, o iPod, que teve um resultado bem diferente.

Thomas Edison inventou os discos de vinil em 1877, e eles dominaram a forma como a música foi gravada e distribuída pelos cem anos seguintes. De fato, em 1983, cerca de 209 milhões de cópias em *long-plays* de vinil (LP) foram vendidas.

Em 1993, esse número havia caído para 1,2 milhão: **uma queda de 99,5% em dez anos.**

Como pôde essa outrora imensa indústria falir tão rapidamente? Por causa da introdução dos compact discs (CDs), que tinham como "benefício e daí" a facilidade de transporte, resistência aos riscos e um som digital incrivelmente límpido.

No início, muitos executivos da indústria de gravação em vinil acreditaram que mesmo com esses benefícios não havia muito com que se preocupar, porque não era possível que a maioria dos proprietários de discos abandonasse sua adorada coleção de LPs.

Esses executivos estavam errados.

Milhões de proprietários de discos não apenas fizeram a troca como ainda recompraram em CD os mesmos álbuns que já possuíam em gravações de vinil.

Lançado em 1983, o CD se tornou a forma dominante de distribuição de música em todo o mundo até 1995, porque o "benefício e daí" que oferecia ainda era relevante.

Entretanto, havia uma nova tecnologia de ruptura surgindo no horizonte para a indústria da música: arquivos MP3 que poderiam ser tocados em um leitor de música portátil.

A indústria do CD se mostrou tão sem visão quanto sua antecessora, a do LP. Na verdade, respondeu dizendo: "Por que você precisaria de portabilidade quando já tem em um aparelho de CD (portátil)?" Steve Jobs, CEO* da Apple, respondeu a essa questão com o "benefício e daí" do iPod: mil músicas em seu bolso!

O iPod novamente revolucionou a indústria da música, não porque as pessoas queriam carregar uma unidade de disco portátil, mas porque adoravam a ideia de carregar consigo mil músicas de sua escolha.

Em abril de 2008, a iTunes Music Store — que é conectada ao website da Apple e só existe virtualmente — ultrapassou o Walmart como a maior distribuidora de música dos Estados Unidos.

Levou mais de uma década para que os CDs desbancassem os discos; o iPod saiu do lançamento à liderança de mercado em apenas sete anos.

---

* Chief Executive Officer — diretor executivo ou diretor-geral. (N.T.)

O que podemos aprender com essas histórias?

Para o PicturePhone faltava um convincente "benefício e daí". Lembre que um "benefício e daí" é definido como uma vantagem que é mais importante para o público. A ideia de que você poderia ver a pessoa com quem estivesse falando era um recurso interessante, mas não a ponto de fazer as pessoas saírem correndo para adquirir o aparelho.

Em comparação, quando as pessoas ficaram sabendo que poderiam carregar cerca de mil de suas músicas favoritas em um iPod, disseram: "Adorei", "Eu quero" e "Vou comprar".

QUAL É O SEU MOMENTO?

Pense em um trailer de filme. Quantas vezes, depois que ele terminou, você não olhou para a pessoa ao lado e disse: "Esse não!" ou "Esse deveríamos ver". Qual é o benefício em seu produto ou serviço que fará seu público dizer: "Adorei", "Eu quero" e "Vou comprar"?

Se você não consegue pensar em um "benefício e daí", peça a um membro de seu público-alvo para completar a seguinte sentença:[4]

Tudo o que *realmente* me interessa nisso é ________.

Você pode descobrir que eles citam somente uma coisa, ou que eles podem começar com uma coisa e depois acrescentar

4 Sei que você está pensando: "Não posso pedir para que façam isso", mas pode. Tente dizer o seguinte: "Uma das coisas que descobri que realmente ajudam a priorizar o que é mais importante é completar a seguinte sentença com relação a esse produto/serviço".

mais duas ou três. Em ambos os casos, de maneira geral, o que citam primeiro é o "benefício e daí", no qual você pode focar. Se estiver apenas começando ou procurando descobrir o "benefício e daí" para um novo produto, tente os vários benefícios em uma amostra representativa de seu público-alvo.

As pessoas costumam se convencer do porquê da compra de algo contando a si mesmas uma história culturalmente aceitável. Essas histórias são o que chamo de ***benefício ostensivo*** — algo que pode parecer verdade, mas não necessariamente é.

No fundo, a emoção quase sempre vence a lógica quando se toma uma decisão de compra. Encontrar o "benefício e daí" ajuda você a se conectar com essa emoção.

Dê uma olhada na seguinte tabela para compreender melhor a diferença entre o benefício ostensivo e o "benefício e daí".

	Benefício ostensivo	**Benefício e daí**
iPod	Portabilidade	Mil canções de sua escolha em seu bolso
Blackberry	Enviar e receber e-mail	Ficar conectado
Forno de micro--ondas	Cozinhar rápido	Economizar tempo
Seu produto/ serviço	*O benefício que parece ser a razão pela qual as pessoas compram seu produto*	*O benefício que faz com que elas digam: "Adorei / Eu quero / Vou comprar"*

Eis um exemplo para mostrar como a diferença entre o benefício ostensivo e o "benefício e daí" funciona na prática.

Uma amiga minha procurava um carro novo para comprar, e estava de olho no Toyota Prius.

Chegando à concessionária, o vendedor ressaltou o fato de que o Prius a ajudaria a reduzir as emissões de carbono, contribuindo assim para o movimento contra o aquecimento global.

Esse é um excelente exemplo do pensamento rotineiro/chato/enfadonho/ostensivo/sem imaginação em que você pode cair se não entender a diferença entre o benefício ostensivo e o "benefício e daí".

O fato é que as pessoas compram coisas de acordo com o interesse delas, e não de acordo com o seu interesse. Embora seja verdadeiro para algumas pessoas que o "benefício e daí", quando se trata de comprar um carro, é sua menor agressão ao meio ambiente, nem todo mundo compra um carro híbrido por essa razão.

Realmente, minha amiga gostou da ideia de um híbrido ajudando o meio ambiente, mas o que gerou o momento "adorei, eu quero, vou comprar" para ela foi o consumo de combustível do Prius. Seu menor consumo permitiria não apenas economizar dinheiro, mas também tempo.

Seu carro anterior, um SUV* consumia de dois a três tanques de combustível por semana, mais o tempo de ir ao posto de gasolina para encher o tanque, o que ela não gostava de fazer.

Com o Prius, ela não só economiza dinheiro, porque consegue fazer quase 20 quilômetros com um litro, com-

* SUV — *sport utility vehicle:* utilitário esportivo fabricado a partir de chassis de caminhonetes, muito popular nos EUA. (N.T.)

parados aos 6 quilômetros por litro feitos pelo SUV, como também evita duas idas ao posto de gasolina a cada semana. Só precisa ir uma vez por semana, em vez de três. De acordo com seus cálculos, minha amiga economiza quinze minutos por semana, o que representa treze horas por ano para gastar com coisas mais importantes para ela.

Deixe-me demonstrar o exemplo do Prius no formato da tabela anterior.

	Benefício ostensivo	**Benefício e daí**
Toyota Prius	Melhor para o meio ambiente	Economiza tempo e dinheiro

Concluindo, precisamos nos lembrar de que, embora o benefício ostensivo possa ser óbvio, ele talvez não seja o responsável pelo sim dos clientes.

Vale ressaltar também que pode haver mais de um benefício para cada público-alvo.

Por exemplo, com o Toyota Prius, ele pode ser, para algumas pessoas, o consumo de combustível economizando tempo e dinheiro; para outros, a oculta não agressão ecológica, e ainda, para outros, a confiança na marca Toyota. É sempre importante descobrir qual(is) benefício(s) importa(m) mais para seu atual cliente ou para o cliente a ser conquistado.

Embora muitas pessoas tenham sido treinadas para fazer uma "análise de necessidades" de seu público, o fato é que a maioria dos vendedores não a faz de maneira eficaz ou consistente. No entanto, determinar o benefício mais importante a seu público pode ajudá-lo a se colocar entre os 20% que fazem 80% de todas as vendas.

Mas como se faz para descobrir o "benefício e daí"? De acordo com minha experiência, geralmente as pessoas que devem tomar a decisão dão importância muito maior a um dos benefícios.

Vamos rever como o vendedor de carros, Phil, poderia mudar sua abordagem para entender o que importa mais à cliente prospectiva, Annie, antes de começar seu discurso de vendas. Imagine se ele tivesse dito o seguinte:

Phil: Annie, nunca assumo que sei o que é mais importante para uma pessoa quando ela vai comprar um carro. Por isso, gostaria de fazer algumas perguntas para descobrir o que é mais importante para você antes de sugerir um modelo ou estilo específico. Pode ser?

Annie: Claro.

Phil: O que você espera com a compra do carro?

Annie: Quero apenas gastar menos dinheiro em combustível e ter um carro confiável.

Phil: Está bem. Deixe-me fazer apenas mais uma pergunta para ajudar a priorizar suas necessidades. Como você completaria a frase: "Tudo o que realmente me interessa nisso é ____________________".

Annie: Hum... Tudo o que realmente me interessa nisso é gastar menos dinheiro em combustível.

Embora esse diálogo possa ser adaptado à sua realidade, o princípio é o mesmo. Ou seja, ele ajuda a estabelecer rapidamente a resposta para a questão: "Tudo o que realmente me interessa nisso é ________________", possibilitando que você demonstre que está em um time diferente da maioria de seus concorrentes, que começam vendendo um benefício importante para eles — ou aquele que eles *assumem* que seria um benefício ao cliente —, em vez de descobrir o benefício importante a seu público.

Se estiver testando uma ideia para uma peça publicitária, você pode utilizar essa mesma abordagem com o público a ser pesquisado. Tente diferentes versões e chamadas para a mala direta ou o anúncio na internet para ver qual gera a melhor resposta de seu público-alvo. Algumas vezes, ao mudar uma palavra ou frase no anúncio, na peça publicitária ou mesmo no discurso que seu pessoal de vendas usa, sua eficácia pode aumentar muito.

Se você montar um gráfico em forma de pizza e atribuir as porcentagens relativas aos principais benefícios de seu produto ou serviço — baseado na resposta do público —, quase sempre ficará evidente qual deles deverá utilizar em uma situação específica.

No próximo capítulo, "Quem você sempre quis ser — você mesmo", mostrarei como um **"comunicador e daí"** junta tudo o que você aprendeu até agora, permanecendo autêntico.

IDEIAS PARA GUARDAR

1. Nem todos os benefícios são iguais; parafraseando o escritor George Orwell: "Alguns benefícios são mais iguais que outros". Alguns deles ajudam você a criar um

momento que faz seu público comprar. Seu trabalho é fazer as perguntas corretas para descobrir que benefício é mais importante para seu público.

2. Para determinar o "benefício e daí", utilize a técnica de completar a frase, pedindo que seu público ou cliente em potencial preencha a seguinte frase: "Tudo o que realmente me interessa nisso é ________________".
3. Conduza suas ações de marketing de acordo com o benefício que motive o público a responder com "Adorei", "Eu quero" e "Vou comprar".

CAPÍTULO SEIS

QUEM VOCÊ **SEMPRE QUIS SER** — VOCÊ MESMO

“QUANDO ENTREI NO CIRCUITO DA ASSOCIAÇÃO DE GOLFE PROFISSIONAL EM 1967, EU NÃO ERA NINGUÉM. E QUANDO CONTAVA MINHAS PIADAS, NINGUÉM RIA. ENTÃO GANHEI O ABERTO DE GOLFE DOS ESTADOS UNIDOS EM 1968, E, DEPOIS DISSO, QUANDO CONTAVA AS MESMAS PIADAS, TODOS RIAM COMO NUNCA.”

— LEE TREVINO

Lee Trevino pode se dar ao luxo de rir. No mundo do golfe profissional seu *swing* tem sido objeto de muitas discussões — quase nenhuma delas lisonjeiras. Ele desenvolveu seu agora famoso *swing* de dentro para fora da mesma maneira que aprendeu sozinho a jogar golfe.

Trevino venceu 29 vezes o Circuito PGA, incluindo seis principais, e foi escolhido como o Homem dos Esportes do Ano pela *Sports Illustrated*. Eu geralmente utilizo Lee Trevino como exemplo de autenticidade quando estou em minha atividade de coach. Digo aos meus alunos: "Você conseguiria imaginar um técnico de golfe chegando a Lee Trevino e dizendo, 'trabalho com Jack Nicklaus (o Tiger Woods da época) e gostaria de mostrar a você como modificar seu *swing* no golfe para ficar mais parecido com o de Jack'".

Provavelmente Trevino teria dito que não queria ficar parecido com Jack Nicklaus. Ele queria ser como Lee Trevino.

Por que estamos falando sobre Lee Trevino?

Um dos princípios da aplicação da "mentalidade e daí" em uma apresentação — seja para uma pessoa, seja para um pequeno grupo ou para uma grande audiência — é permanecer autêntico em relação a quem você é. Tudo começa com isso. Se estiver tentando ser alguém que não é, as pessoas perceberão e passarão o tempo todo pensando em como você é falso, em vez de naquilo que está dizendo.

Mas isso não significa que só porque procurará ser autêntico não poderá usar algum auxílio quando for apresentar sua mensagem. Este capítulo é sobre isso. Para poder compreender o que é diferente em alguém que usa a "mentalidade e daí" (vamos chamá-lo de **"comunicador e daí"** para simplificar), você precisa pensar nas três etapas — antes, durante e depois — de qualquer comunicação.

O primeiro diferencial dos "comunicadores e daí" é que eles pensam nas três etapas bem antes de se colocar diante da audiência.

Deixe-me contar sobre uma de minhas primeiras atribuições de coach, que possibilitou uma importante descoberta como resultado da ajuda ao meu cliente, Neil.

Infelizmente para Neil, acabou antes de começar.

Armado com 60 sanduíches e refrigerantes, mais as brochuras explicando o produto financeiro que estava vendendo, Neil chegou à sala com painéis de mogno de uma grande firma corretora de Boston para fazer uma apresentação na hora do almoço.

Neil havia me contratado para observar sua apresentação e lhe dar algumas sugestões para ser mais eficaz ao fazer a exposição.

Sentei-me no fundo da sala de conferências e observei as pessoas entrando, pegando um sanduíche e uma bebida e imediatamente saindo. Elas não tinham nenhuma intenção de assistir à apresentação. Mas estavam felizes em conseguir um sanduíche grátis.

Neil ficou desconsolado. Em apenas dez minutos a montanha de comida que tinha trazido se reduziu a dois sanduíches, mas havia somente nove pessoas sentadas em uma sala com capacidade para acomodar 50.

Ele também não melhorou as coisas com a frase de abertura: "Tudo bem comer enquanto eu falo porque sei que seu tempo é valioso".

Isso o forçou a falar ao som de sanduíches sendo desembrulhados e latas de refrigerante sendo abertas, o que poderia explicar por que em alguns momentos Neil parecia gritar ao apresentar seus produtos financeiros.

Estava claro para mim que a apresentação não chamou a atenção das nove pessoas presentes. Na verdade, depois de cinco minutos, Neil tinha perdido o grupo de tal forma que alguns começaram a ler o jornal.

Foi como assistir a um acidente de carro em câmera lenta. Fez-me lembrar de minha traumática experiência com Jeff Goldberg no dia em que tive de fazer a apresentação para uma audiência de uma pessoa — ele.

Neil terminou a apresentação com um apelo desesperado às poucas pessoas presentes para comprarem seu produto. Menos de dez segundos após dizer "obrigado por seu tempo", todos haviam saído, restando apenas Neil e aqueles dois sanduíches (agora ligeiramente murchos) na sala.

Neil começou uma lenta caminhada para onde eu estava sentado, e eu sabia o que estava por vir.

"E então, o que você achou?"

Fiz uma pausa porque sei que todos nós ficamos frágeis quando nos expomos tanto e que é difícil aceitar, com a mente aberta, críticas construtivas e orientação. Escolhi cuidadosamente minhas palavras e disse: "Estou surpreso com o desrespeito dessa audiência".

Neil ficou branco, e então vi uma expressão de raiva em seu rosto. Ele falou: "Viu, eu te disse. Essas pessoas são idiotas e não valorizam o que faço".

Eu argumentei: "Entendo como se sente e tenho algumas considerações perturbadoras. Não penso que seja culpa deles".

"Você está dizendo que a culpa é minha?"

Simplesmente olhei para ele.

Ele continuou: "Como é possível? Cheguei cedo. Trouxe comida e bebida. Treinei minha apresentação. Disse a eles tudo o que pensei que precisariam ouvir sobre meus produtos e terminei cedo. Como pode ser minha culpa?"

Eu respondi: "Neil, essa é a realidade. O jogo acabou antes de começar. A audiência se convenceu de que não seria útil ouvi-lo antes mesmo de você começar a falar. Deixe-me explicar por quê.

"A audiência não lhe conhece da mesma forma que eu. Eles não sabem que você serviu na Força Aérea dos Estados Unidos. Eles não sabem que você é um maratonista de classe mundial que se classificou para as eliminatórias da equipe olímpica dos Estados Unidos. Eles não sabem que você ajudou centenas de pessoas, pessoas exatamente como eles, a expandir seus negócios utilizando as estratégias e ferramentas específicas que trouxe para falar a respeito.

"Por não saberem disso, vieram com a ideia preconcebida de que você era igual a todos os outros e que seria uma perda de tempo para eles.

"Pense em um fazendeiro que está para semear a terra. Ele simplesmente lança as sementes em terra seca? Claro que não. Ele prepara o solo para que as sementes possam facilmente se acomodar. O que você fez foi apenas lançar as sementes em solo seco e não preparado.

"Posso mostrar como preparar o solo de forma que as sementes consigam não somente germinar, como também produzir resultados que são vinte, cinquenta ou mesmo cem vezes maiores do que você esperava. Em seu caso, isso significaria mais clientes qualificados em potencial."

Neil perguntou: "Como você faria isso?"

"Vamos posicioná-lo como faríamos com qualquer outro produto. Compreendendo o que é importante para sua audiência e focando os benefícios relevantes para eles."

Saímos para um café e começamos a planejar a nova apresentação de Neil, que prometi que seria bem melhor. Para ajudá-lo a ter um apropriado quadro de referência, contei sobre uma recente viagem que fiz à Disney com minha família. Walt Disney era um mestre em estabelecer etapas ao público, e contei a Neil que nós também poderíamos aproveitar o poder dessa abordagem.

Por exemplo, você não sai simplesmente do carro e vai caminhando para a frente do castelo de Cinderela na Disney. Em vez disso, sua experiência começa no momento em que entra na área de estacionamento e pega um monotrilho, um carro elétrico ou um pedalinho que o leva para dentro do parque. No caminho, você vê arbustos que foram cortados no formato de vários personagens da Disney, e, ao passar por um dos campos de golfe, percebe que os bancos de areia têm a forma da cabeça do Mickey Mouse.

Logo você vislumbra a ponta do castelo da Cinderela se aproximando. "Lá está!" ele grita. Quando o monotrilho chega à estação há um nível palpável de ansiedade, completamente diferente do que sentiríamos caso tivéssemos apenas estacionado o carro e caminhado para dentro do parque temático. Eu disse a Neil que estabeleceríamos etapas para ele da mesma forma que Walt Disney fazia com seus convidados.

Depois de pedirmos nossos cafés, fiz a Neil várias perguntas. A primeira foi: "Quanto você conhece das pessoas que espera que assistam à próxima apresentação?"

"Bem, já estive no escritório três vezes e conheço algumas delas."

Perguntei: "Você sabe quem são os principais tomadores de decisão ou os centros de influência?"

"Não."

Indaguei então: "Seria útil entender quais são as principais preocupações de seu público, especialmente em relação aos seus produtos?"

Ele respondeu: "Certamente".

Como ele promovia produtos de investimentos para consultores financeiros que os recomendariam a seus clientes, uma das principais preocupações que a audiência teria seria o desempenho e o histórico no longo prazo de seus produtos e de que maneira remuneravam em mercados de baixa e de alta. Ele concordou que seria extremamente benéfico abordar essas questões, uma vez que ajudariam a dar forma para sua apresentação, mas não sabia por onde começar.

ANTES DA APRESENTAÇÃO

Mostrei a Neil como é fácil obter este tipo de informação antes da apresentação. Na verdade, citei um exemplo enquanto tomávamos café. Pesquisei no Google o nome do gerente da empresa em que Neil tinha acabado de fazer a apresentação e a pesquisa mostrou dez resultados sólidos — da biografia (que estava anexa a uma palestra que deu recentemente) a um estudo sobre o setor no qual ele discutia estratégia de alocação de ativos em mercados de baixa. Isso seria um ótimo gancho para os tipos de produtos de investimento que Neil estava oferecendo.

Ele poderia obter informações similares sobre praticamente todas as pessoas importantes da companhia que compareceriam à sua apresentação. Isso facilitaria substancialmente a customização de seu discurso. Ele não sabia que era tão fácil, mas acabou se convencendo após algumas buscas que realizou mais tarde.

Depois perguntei como ele se sentiria em relação a usar uma **biografia**. Expliquei que ela fornece informações que a maioria das pessoas gostaria de saber sobre uma pessoa — mas não se sente confortável em perguntar — antes de concordar em formar uma parceria. Uma biografia NÃO é o mesmo que um cartão de visitas ou um currículo. Neil disse que não tinha nada de bom para colocar em sua biografia e que ninguém em seu setor utiliza tal documento. Eu ouvi as objeções dele e falei: "Estaria disposto a tentar se eu o ajudasse a criar um?"

"Estou disposto a tentar qualquer coisa para evitar passar por um constrangimento igual ao que você acabou de presenciar", respondeu.

Contei a Neil que uma biografia não é uma ideia nova. Na verdade, quase todos os executivos, doutores, professores, astros de cinema, escritores, ou qualquer um que se considere "importante", têm uma biografia pessoal. Sugeri que Neil olhasse o site da própria companhia, que tinha biografias do CEO e de toda a equipe administrativa. O formato que eu estava sugerindo era uma variação do tipo de biografia que outras "pessoas importantes" utilizavam porque incluía o que ele poderia fazer por seus clientes.

Essa ideia foi discutida no livro de Napoleon Hill, *Quem pensa enriquece*, nos anos 1930, com o intuito de ajudar as pessoas a se diferenciarem durante a Grande Depressão. Hill disse que uma biografia "não é uma ferramenta da arte de venda inteligente pela qual homens e mulheres demandam e recebem mais dinheiro pelos mesmos serviços que antigamente vendiam mais barato. Mas sim sobre os interesses do comprador, assim como do vendedor de serviços, de assegurar que o empregador receba o valor integral para o valor adicional que ele paga".

Em essência, Napoleon Hill explicou como essa ferramenta ajudava as pessoas a ganharem mais dinheiro mesmo durante um momento econômico difícil, comunicando o valor real que estavam oferecendo.

Por último, perguntei com que frequência Neil tinha alguém que o apresentasse antes de começar a falar. Ele disse que no passado pedia que alguém fizesse isso, mas desistiu pela forma ruim com que a apresentação era realizada. Além do mais, ele pensava que um número suficiente de pessoas já o conhecia, tornando desnecessária uma apresentação formal.

Fiz algumas anotações à medida que Neil falava e comentei: "Quero ajudá-lo nesse trabalho, mas para que possamos seguir adiante você tem de confiar em mim e tentar fazer o que recomendo exatamente da maneira que indico. Não quero ficar a cada passo debatendo a eficácia dessas ideias".

Quando terminamos nosso café, Neil concordou que, para sua próxima apresentação, seguiria à risca minhas orientações.

A primeira coisa que fiz foi ajudá-lo a criar sua biografia (e eu estimulo você a fazer o mesmo). Em resumo, é uma visão geral do seguinte:

- Quem você é.
- Seu caráter, competência e aspectos gerais (formação escolar, organizações sociais, passatempos, cidade natal, interesses em esportes e assim por diante).
- O que o torna especial.

Mas você não pode desenvolver o texto no vácuo. Como tudo o que for fazer, sua biografia precisa ser criada com o "filtro e daí" em mente. Em outras palavras, tudo o que escrever tem de ser relevante para a audiência. Por exemplo, você precisa falar sobre o que pode fazer por eles e evitar jargões e abreviaturas que as pessoas podem não entender.

Em outras palavras, embora a biografia seja sobre você, na realidade é sobre o que você pode fazer pelos clientes, compradores e qualquer um que a esteja lendo. Em resumo, é o BENEFÍCIO que você põe na mesa, que resolverá o problema *deles*, responderá às questões *deles* e eliminará as aflições *deles*.

Como você deve criar essa biografia?[1] Eis os passos:

1. Complete as dez questões do "gerador de biografia".
2. Utilizando as respostas do "gerador de biografia", esquematize sua biografia de forma que fique clara, convincente e relevante.
3. Faça uma tripla verificação para garantir que tudo esteja consistente e preciso. Um erro aqui pode ser final de carreira. Por exemplo, fazer um curso de especialização em Harvard não é o mesmo que se graduar na Universidade de Harvard.
4. Use um programa de editoração de texto para preparar a cópia final, tornando-a visualmente atraente. Você pode usar o tamanho-padrão de 20 x 30 centímetros ou tentar outro formato — por exemplo, 20 x 14 centímetros. Se

1 Veja o site sowhatbook.com para exemplos de biografias.

necessário, inclua sua assinatura ou do departamento jurídico antes de imprimir.

5. Imprima cópias coloridas em papel grosso para distribuir como parte do kit de seu novo cliente. Pode-se também colocá-la em seu site.
6. Apresente sua biografia antes de se reunir com as pessoas, seja individualmente, seja em grupos. É normal se sentir estranho fazendo isso, em particular se achar que a biografia se refere exclusivamente a você. Lembre-se de que ela não é para "se gabar", mas sim para ajudar o outro a entender melhor o que você pode fazer por ele SEM que seja preciso gastar muito tempo falando sobre sua empresa ou sobre você quando se encontrarem.
7. Atualize sua biografia pelo menos uma vez ao ano para incluir quaisquer mudanças relevantes.

Neil assumiu uma abordagem totalmente diferente na apresentação seguinte. Para começar, e como parte de sua preparação antes do encontro, ele ligou para o gerente da empresa e perguntou se este se disporia a apresentá-lo para o grupo.

Bill disse que ficaria feliz em fazê-lo. Ele perguntou a Neil o que queria que fosse dito ao grupo. No passado, quando Neil pedia que alguém o apresentasse — o que raramente fazia —, cometia um erro tático de deixar a pessoa improvisar a apresentação, utilizando seu cartão de visitas ou talvez algum material que ele tivesse enviado como base.

Neil enviou para Bill o texto *exato* que queria que fosse lido e explicou que havia sido elaborado especificamente para esse grupo, e que tinha sido feito para ser lido, e não memorizado.

Ao dizer isso, ele estava fazendo duas coisas sutis.

Primeiro, ele estava ressaltando que Bill não precisaria fazer nada difícil em relação à apresentação.

Segundo, ele aumentava as chances de que Bill leria exatamente o que estava escrito no e-mail que enviou.

Eis o que a apresentação dizia:

Cartão de Apresentação — Neil Wood

Hoje temos a satisfação de receber um especialista em criar receitas.
Neil traz uma combinação única de sucesso, tanto como atleta profissional, quanto como divulgador do setor de investimentos.
Neil compreende as oportunidades e desafios que encaramos e criou uma apresentação dirigida exclusivamente a nossa empresa, chamada "Fazendo seu dinheiro durar uma vida inteira".
Por favor, juntem-se a mim para dar as boas-vindas a Neil Wood.

DURANTE A APRESENTAÇÃO

Depois, ele usou o "ponto de partida e daí", sobre o qual aprendeu no Capítulo 4, "Sua visão de mundo — tornando visível o invisível", para garantir que a apresentação passasse no "teste e daí" — o diálogo interno consigo mesmo para determinar se sua mensagem teria importância para a audiência.

No dia da apresentação, chegamos ao escritório de Bill às 11h30, bem antes do horário de início, ao meio-dia.

Neil estava temeroso de que a mesma coisa que aconteceu da última vez se repetisse. Mas isso não ocorreu. Conforme minha sugestão, Bill enviou um e-mail no dia anterior lembrando a todos que Neil viria. Um pouco antes do meio-dia, Bill enviou para toda a empresa, por meio do sistema de comunicação interna, uma mensagem de que seu amigo, Neil Wood, faria uma apresentação imperdível na hora do almoço.

Às 11h55 as pessoas começaram a entrar na sala de reuniões e a pegar seu sanduíche do carrinho. Dessa vez, no entanto, quando se sentaram, observaram a biografia de Neil, que coloquei em cada mesa, mesmo sob os protestos dele.

Quase todos os lugares estavam ocupados quando Bill se levantou. Ele disse: "Antes de começar, embora alguns de vocês já o conheçam, quero aproveitar a oportunidade para formalmente apresentar Neil Wood". Então leu o *script* que Neil havia fornecido, terminando com: "Por favor, juntem-se a mim para dar as boas-vindas a Neil Wood".

O grupo aplaudiu quando Neil entrou e ele sorriu para mim, pois nunca havia experimentado nada parecido. Quando começou sua apresentação, observei as pessoas guardando as bebidas e sanduíches à medida que realmente se concentravam no que ele estava dizendo. Ele não deu permissão para comerem durante sua fala, embora muitos o fizessem discretamente.

Neil levantou os pontos relevantes para sua audiência e terminou com um claro chamado à ação baseado em seus objetivos originais do "ponto de partida e daí", e então disse:

> *Se aquilo que ouviram hoje fizer sentido e vocês quiserem saber mais sobre como aplicar essa ideia em seu negócio, preencham seus dados no cartão sobre a mesa a sua frente, e podem me trazer quando estiverem saindo da sala. Ficarei bem ao lado da porta. Considerarei esse cartão um convite para que eu possa agendar um horário para me reunir individualmente com cada um de vocês.*

Neil disse isso com convicção e confiança, e saiu do palco ao som de fortes aplausos. Eu poderia dizer que a plateia apreciou a experiência, pois teve um comportamento totalmente diferente do presenciado na reunião anterior promovida na hora do almoço.

Enquanto Neil ficava ao lado da porta, vi uma pessoa atrás da outra lhe entregando o cartão e fazendo um comentário sobre sua apresentação, ou perguntando algo a respeito do que leram em sua biografia.

Quando o último membro da audiência se retirou, Neil caminhou até a mim e disse: "Ok, acho que funciona".

Das 47 pessoas que participaram da apresentação, ele recebeu 35 cartões com os dados pessoais. Esse índice de retorno de 75% foi um recorde absoluto para ele, baseado em seu resultado costumeiro de 0% a 20% de requisição de encontros.

APÓS A APRESENTAÇÃO

Acompanhando o processo com essas 37 pessoas, Neil utilizou algum tempo não apenas para estudar os cartões que lhe deram, como também para fazer uma pequena pesquisa para que sua carta de resposta e sua ligação telefônica tivessem o máximo de eficácia possível.

Neil conseguiu agendar 26 reuniões individuais e, ao longo dos 90 dias seguintes, acabou fechando negócio com 18 membros da audiência original. Diferentemente do passado, dessa vez o retorno do investimento foi exponencial.

Ele teve de mudar a maneira de pensar para aplicar essas ideias e se tornar um "comunicador e daí"; entretanto, para ser autêntico, teve de adequar esse processo para fazê-lo funcionar para ele. Se fosse fácil, todo mundo poderia fazer isso, mas não é. Portanto, ninguém o faz. Neil aplicou esse processo para se destacar na multidão e transformar os resultados que alcançava. Você também pode fazer isso.

IDEIAS PARA GUARDAR

1. Antes, durante e depois... O que você faz antes e depois da apresentação pode ser tão importante quanto o que faz durante.
2. Permaneça fiel a si mesmo e conecte-se com sua audiência. Se tentar ser alguém que não é, as pessoas perceberão e passarão todo o tempo pensando em sobre como você é falso, em vez de naquilo que está dizendo.
3. O "comunicador e daí" utiliza esse processo para maximizar o retorno sobre o tempo investido.

CAPÍTULO SETE

IMPROVISAR ***VERSUS*** PREPARAR

“EU PATINO PARA ONDE O DISCO DE HÓQUEI ESTÁ.”

— WAYNE GRETSKY

Era um dia frio em Genebra, na Suíça, em 1985, quando Ronald Reagan fez algo que ajudou a criar seu apelido "O Grande Comunicador". Ele estava reunido com o premiê soviético Mikhail Gorbachev para discutir uma possível redução nos arsenais dos Estados Unidos e da União Soviética. O encontro foi a primeira tentativa de degelar a Guerra Fria desde que Gorbachev chegara ao poder.

Por causa de sua experiência de vida e do conhecimento do que aconteceu sob a liderança do Partido Comunista, o presidente Reagan havia, antes do encontro, se referido repetidamente à União Soviética como o "império do mal".

O premiê Gorbachev tinha basicamente as mesmas opiniões sobre os Estados Unidos, tendo sido informado sobre as corruptas influências da sociedade de consumo e, da mesma forma que o Partido Comunista, acreditava que o

Governo dos Estados Unidos desejava secretamente dominar o mundo todo — inclusive a União Soviética.

Quando surgiu o assunto da negociação dos armamentos durante a reunião, o presidente Reagan fez algo que surpreendeu a todos na sala. Ele virou-se para Gorbachev e disse: "Por que você e eu não saímos para um passeio para tomar um pouco de ar fresco e deixamos o resto de nosso pessoal falar sobre os detalhes em relação a um possível tratado sobre os armamentos?"

Gorbachev imediatamente se levantou de sua cadeira, mesmo com seus diplomatas expressando surpresa em relação à aparentemente improvisada mudança na programação formal.

Em uma entrevista mais tarde, o presidente Reagan revelou o que aconteceu em seguida. Ele acompanhou o premiê Gorbachev até uma casa junto ao lago, onde já havia uma lareira acesa.

Quando se sentaram sozinhos diante do fogo, o presidente Reagan disse: "Nós não desconfiamos um do outro porque estamos armados; nós estamos armados porque desconfiamos um do outro. Embora seja bom falarmos sobre a redução do número de mísseis que possuímos, por que nós dois não tentamos eliminar as coisas que causam a desconfiança?"

De maneira clara, ele estava dizendo que, se ambos os países de fato confiassem um no outro, eles poderiam reduzir significativamente seus arsenais nucleares.

O restante da conversa que tiveram naquela tarde foi simplesmente para que os dois líderes mundiais se conhecessem.

No caminho de volta para o encontro geral, depois de uma hora e meia juntos na casa de campo, o presidente Reagan falou: "Por que não combinamos que o encontro do próximo ano seja nos Estados Unidos?"

"Aceito", disse Gorbachev, acrescentando: "Depois, no ano seguinte, o encontro será em Moscou".

O presidente Reagan aceitou.

A ação de Ronald Reagan para mudar o diálogo político entre as duas superpotências foi o começo do fim da Guerra Fria. Sua preparação, organização e a utilização das palavras corretas no momento certo ajudaram a tornar isso possível.

O QUE ACONTECEU DE VERDADE

Você pensa que foi coincidência a casa de campo em que Reagan e Gorbachev se encontraram estar a uma curta distância da casa principal, assim como a lareira e as luzes estarem acesas quando eles entraram?

Obviamente não.

Em sua negociação com Gorbachev, Reagan empregou a ideia do "ponto de partida e daí" e uma sequência de questões ou pontos principais que o ajudaram a antecipar o que era mais importante para Gorbachev, assim como reunir as informações de que precisava para saber o que fazer em seguida.

Utilizando a ideia do "ponto de partida e daí", discutida no Capítulo 4, vamos dar uma olhada em como Reagan poderia ter preenchido o "ponto de partida e daí" para alcançar seus objetivos:

1. **Para quê?**
   P: Por que razão estou me encontrando com Gorbachev?
   R: Para determinar se ele é ou não alguém em que se pode confiar e com quem eu consiga fazer uma significativa redução de armamentos.
2. **E daí?**
   P: O motivo por que isso é importante para Gorbachev é...
   R: Sua economia não pode manter os enormes gastos de se equiparar aos avanços tecnológicos dos Estados Unidos, o que coloca seu país em risco.
3. **E então?**
   P: O que eu (Reagan) quero que aconteça como resultado desse encontro?
   R: Uma significativa redução nos armamentos e um encontro a ser agendado em Washington, D.C.

Reagan disse mais tarde: "Falei antecipadamente ao meu pessoal que iria fazer algo como aquilo. Quando deixamos o prédio fiz parecer que foi tudo de improviso".

Antes de ir a Genebra, como parte do planejamento prévio do encontro, Reagan não apenas preparou suas perguntas como também o local e o ambiente para alcançar o resultado desejado.

Uma das definições no dicionário para "preparar" é a seguinte: organizar uma situação ou evento discretamente de forma que um efeito ou resultado desejado seja alcançado.

O oposto de preparação é o que a maioria das pessoas faz. Elas "improvisam". Essa é uma expressão teatral que significa adaptar seu texto diretamente no palco. Reagan, um ex-ator, demonstrou que a reunião em Genebra era muito importante para apenas "improvisar".

Quando você interage com um cliente em potencial, ou com alguém com quem você espera se conectar, é mais provável que prepare o que deseja que aconteça ou que improvise?

Se você quer utilizar o poder da preparação em seu mundo, eis uma ideia que pode ajudar. Eu a peguei emprestada do seriado de televisão *CSI*, em que os investigadores da cena do crime geralmente usam uma evidência muito pequena para determinar "quem cometeu isso".

De maneira muito semelhante, um pequeno pedaço de informação (pesquisado no Google, Facebook etc.) sobre seu público-alvo pode ajudá-lo a gerar as questões corretas para que comece a entender o que importa para ele.

Reagan utilizou a própria versão de "investigação CSI" na forma de um relatório da inteligência sobre a União Soviética para melhor entender o "benefício e daí" que poderia oferecer a Gorbachev, de maneira que ele, por sua vez, pudesse conseguir o que desejava — uma significativa redução nos armamentos.

NOVE MIL METROS DE ALTITUDE *VERSUS* NÍVEL DO MAR

Ronald Reagan compreendeu a diferença entre fazer questões a nove mil metros de altitude ***versus*** ao nível do mar. Explicando melhor, certas questões têm um ponto de vista amplo, como se você estivesse olhando para o objeto de uma grande altitude.

Para que Reagan pudesse antever o "benefício e daí" para uma significativa redução de armamentos nos dois países, ele teve de começar com uma questão a nove mil metros de altitude: "Por que você e eu não tentamos eliminar as coisas que causam a desconfiança?" Ele compreendeu que, enquanto não soubesse se a desconfiança entre os dois países poderia ser eliminada, seria inútil pensar sobre a redução de armas nucleares.

Os grandes comunicadores em geral iniciam seu processo de questionamento no nível estratégico do panorama geral a nove mil metros de altitude, e depois descem ao nível do mar, à medida que compreendem mais o "benefício e daí" à audiência.

Frequentemente, os vendedores — qualquer um vendendo qualquer coisa, seja um produto, seja um serviço ou uma ideia (portanto, todos nós) — têm a tendência de começar ao nível do mar com questões táticas específicas relacionadas ao produto, serviço ou ideia que estão vendendo. Se Reagan tivesse começado sua reunião de cúpula dizendo: "Estou disposto a cortar cem mísseis na Alemanha Ocidental se você estiver disposto a cortar cem mísseis da Alemanha Oriental", ele nunca teria chegado à questão real.

Não estou dizendo que questões táticas e pontos de vista ao nível do mar nunca são necessários. Quando aquilo que estiver vendendo for de natureza "transacional", pode fazer sentido começar ao nível do mar para completar a transação. Um caixa em um supermercado normalmente não precisa começar a nove mil metros de altitude, mas pode envolver você ao nível do mar com algo do tipo: "Você vai pagar com cartão ou dinheiro?"

Eis um típico exemplo de questionamento ao nível do mar. Recentemente fui comprar um novo computador para minha família. Segue um registro fiel do que aconteceu:

Vendedor: Posso ajudar?

Mark: Estou procurando um computador para minha família.

Vendedor: Quanto está querendo gastar?

Mark: Não sei ainda. Quanto custa?

Vendedor: Entre 500 e 5 mil dólares.

Mark: Menos de mil dólares.

Vendedor: De quantos gigabytes precisa?

Mark: Não tenho a mínima ideia.

Vendedor: Que velocidade de processador você deseja?

Mark: Realmente não sei.

Vendedor: O que quer fazer com o computador?

Mark: Isso é fácil. Quero navegar na internet, verificar e-mails e baixar músicas.

Vendedor: Tudo bem, então você precisa dar uma olhada em nosso "Computador de mídia versão residencial", que está em liquidação...

Observe o que aconteceu aqui. O vendedor começou ao nível do mar e somente no momento em que eu estava me sentindo frustrado ele pulou para a questão mais estratégica a nove mil metros de altitude: "O que quer fazer com o computador?"

No final ele foi aonde precisava ir, mas não antes de fazer o cliente (eu) se sentir um idiota, o que nunca é uma boa estratégia de vendas.

Agora vamos ver o que teria acontecido se ele tivesse começado pelo ponto correto, que no caso era a nove mil metros de altitude:

Vendedor: Posso ajudar?
Mark: Estou procurando um computador para minha família.
Vendedor: O que quer fazer com o computador?
Mark: Isso é fácil. Quero navegar na internet, verificar e-mails e baixar músicas.
Vendedor: Tudo bem. Agora, para que eu possa identificar o computador a recomendar, preciso saber se planeja arquivar fotografias digitais além de música.
Mark: Sim.
Vendedor: Então sugiro o "Computador de mídia versão residencial", porque ele é concebido para pessoas que querem fazer as três coisas que mencionou e permite que cada membro da família tenha a própria seção para poder guardar em separado os arquivos personalizados.
Mark: Ótimo.
Vendedor: Outra boa notícia é que esse computador está em liquidação... e temos um plano de instalação por 79 dólares, pelo qual entregamos o computador, instalamos e o deixamos funcionando.

Mark: Fantástico. Vamos fazer isso. Eis meu cartão de crédito.

O que este diálogo demonstra é que a forma com que você estabelece a sequência de perguntas pode alterar fundamentalmente a experiência de seu público e levá-lo ao momento "Adorei. Eu quero. Vou comprar". Faça de maneira correta e eles entenderão o "benefício e daí" do que você está vendendo, assim como a característica que está tentando destacar.

Vamos analisar outra situação de vendas bastante comum:

> Cenário: Você está ligando para um cliente em potencial e quer chegar ao "benefício e daí" antes de falar em seu produto/serviço.
> Você (faz a questão a nove mil metros de altitude): Qual é a maior oportunidade de crescimento de seu negócio este ano?
> Cliente: A internet.
> Você (descendo para a questão a seis mil metros de altitude): O que fez no passado para que seu negócio crescesse pela internet?
> Cliente: Não muito. Temos apenas um site, mas não vendemos nada on-line.
> Você (agora com a questão a três mil metros de altitude): Que produtos gostaria de vender on-line?
> Cliente: Nosso produto.
> Você (faz a questão ao nível do mar): Baseado no que me disse, tenho algumas ideias que gostaria de partilhar. Podemos conversar agora ou em um próximo encontro?

São grandes as chances de que ele diga: "Podemos falar sobre isso agora?"

Antever o "benefício e daí" requer um pouco de trabalho. Você precisa pensar em todas as coisas que poderiam acontecer em sua interação com o público. Mas tudo bem. O retorno vale a pena.

Essa é uma lição que Ronald Reagan aprendeu cedo em sua vida política. Um "comunicador e daí" precisa pensar e preparar antecipadamente as questões que fará para alcançar o resultado esperado. Você não deve fazer o mesmo.

Todos os dias pessoas competentes fracassam porque "improvisam" em vez de investir tempo e atenção na preparação das questões corretas antes de começar a falar. Exatamente como o Grande Gretzky, que focava onde o disco de hóquei estava indo em vez de onde ele estava, você precisa pensar sobre para onde sua comunicação está indo, e não apenas onde ela está.

IDEIAS PARA GUARDAR

1. Prepare-se fazendo sua versão da "investigação CSI". Utilize a internet ou a própria "rede de inteligência" para entender mais sobre seus clientes antes de abrir a boca.
2. Comece a nove mil metros de altitude *versus* nível do mar com as questões que fizer. Olhe para o panorama geral antes de se envolver "taticamente" ao nível do mar.
3. Preparação *versus* improvisação. Utilizando o "ponto de partida e daí", planeje sua conversa para chegar ao momento "Adorei. Eu quero. Vou comprar".

CAPÍTULO OITO

CONSEGUINDO **ENGAJAR** SUA AUDIÊNCIA

> “A DIFERENÇA ENTRE A PALAVRA CERTA E QUASE A PALAVRA CERTA É A DIFERENÇA ENTRE A LUZ DO RELÂMPAGO E A DO VAGA-LUME.”
>
> — MARK TWAIN

A maioria das pessoas fica ansiosa quando perguntamos: "Em que negócio você trabalha?" O que é perfeitamente compreensível.

O fato é que o ditado: "Você não terá uma segunda chance para causar uma boa primeira impressão" é absolutamente correto. E a maneira como se responde à questão "O que você faz para viver?" costuma determinar se as pessoas vão querer ouvir ou não aquilo que você tem para dizer.

Por isso você quer que sua audiência se interesse imediatamente. E pode conseguir isso por meio da criação da "declaração de posicionamento e daí", que é concebida para fazer que o ouvinte queira saber mais sobre você e sobre o que você pode fazer por ele. Para ser eficaz, sua **"declaração de posicionamento e daí"** precisa ser clara, convincente e relevante para o interlocutor.

Infelizmente, poucos de nós conseguem fazer isso sem alguma ajuda. Aprendi isso vários anos atrás, quando apresentei uma série de palestras sobre marketing para proprietários de pequenos negócios que eram clientes da Staples.*

Durante os três anos em que conduzi as palestras, tive a oportunidade de me encontrar com mais de três mil empresários, homens e mulheres que representavam quase todos os setores imagináveis — de paisagistas a proprietários de funerárias; de operadores de serviço de ambulância a corretores de imóveis.

Eu começava cada palestra perguntando às pessoas seus nomes e em que negócios trabalhavam.

Inevitavelmente, eles mencionavam apenas o aspecto material do que faziam, dizendo algo como: "Meu nome é John e vendo computadores", ou: "Meu nome é Jane e estou no negócio imobiliário".

Quase ninguém comunicava o real "benefício e daí" que oferecia, ou qualquer aspecto específico de si mesmo ou do que fazia.

Entretanto, a resposta de Floyd para "conte a todos o que você faz para viver" não foi a tradicional. Após dar seu nome, ele disse que era "um consultor automotivo".

Não entendi o que ele quis dizer, então perguntei se era consultor de grandes montadoras de automóveis.

"Não."

---

* Maior empresa do mundo de venda de produtos e soluções para escritórios e ensino. (N.T.)

"Você dá consultoria para as concessionárias locais?"

"Não."

Um pouco exasperado, perguntei finalmente: "O que você *realmente* faz?"

Floyd indagou: "Você sabia que muitas pessoas não gostam do processo de comprar um carro novo porque não gostam de lidar com vendedores?"

Eu disse: "Sim".

"Bem, o que eu faço por 295 dólares é conduzir as pessoas pelo processo de 15 pontos concebido para ajudá-las a determinar o carro que atenda exatamente às suas necessidades e desejos, e depois acompanhá-las até a concessionária para negociar o melhor preço."

Assim que terminou de falar havia uma carga elétrica na sala. Era como se todos soubessem que Floyd fazia algo único. Na verdade, observei que a mulher sentada atrás de Floyd bateu-lhe no ombro para pedir um cartão de visita.

Durante todo o restante da palestra fiquei imaginando se outra pessoa se lembraria da declaração de posicionamento de Floyd da mesma maneira que eu. Assim, quase ao término da minha atividade, perguntei a uma participante que escolhi aleatoriamente se ela se lembrava da atividade de Floyd.

"Ah, claro. Por 295 dólares ele conduz você por um processo de 15 pontos para ajudá-lo a determinar o melhor carro para você comprar, e depois vai junto até a concessionária para ajudar na compra."

Esse foi um momento "Aha!" para mim. Ela não apenas entendeu o que Floyd disse, como foi capaz de repetir praticamente com as mesmas palavras, capturando seu exclusivo "benefício e daí".

Pense na alavancagem de sua organização quando todos conseguirem comunicar o "benefício e daí" de forma tão clara e convincente que a audiência quererá saber exatamente como você faz isso.

Foi o que Floyd fez.

Você pode utilizar a fórmula empregada por Floyd com a mesma eficácia, não importando o que faz para viver.

Vamos analisar o que ele fez.

A primeira coisa que ele disse foi: "Você sabia...?", seguido de: "Bem, o que eu faço é..."

Ao longo dos anos tenho visto esse modelo ser utilizado com sucesso em literalmente centenas de negócios por múltiplos setores. Há uma enorme força em utilizar essa abordagem, embora algumas pessoas possam achá-la estranha a princípio. Sua força vem de uma coleção preparada de palavras que se pode expressar de maneira autêntica e que permite que você se concentre mais no efeito em seu ouvinte do que no que dirá em seguida. Ela também proporciona uma abordagem preparada para gerar curiosidade sobre quem você é e o que faz.

Embora possa imaginar que preparar previamente o que dirá soará "enlatado", você correrá o risco de causar uma primeira impressão errada, perdendo a chance de associação ao real valor do seu trabalho porque pensou que poderia improvisar.

Tente utilizar esse modelo até que chegue a uma "declaração de posicionamento e daí" que faz que as pessoas perguntem: "Como você faz isso?" Esse é o teste decisivo do sucesso de sua "declaração de posicionamento e daí". Quando alguém pergunta: "Como você faz isso?", você sabe que tocou algo importante e relevante. Também é um convite para que você conte mais sobre seu produto ou serviço — agora ou em uma data futura.

Eis um exemplo de como essa abordagem pode ser extremamente útil.

Um cliente meu, Frank, era um dos melhores vendedores de sua empresa, mas sempre teve de lutar para encontrar a melhor maneira de posicionar o que realmente fazia.

Ensinaram-lhe que a melhor forma de responder à questão "O que você faz?" era imediatamente dizer "Eu vendo previdência privada!"

A resposta, embora verdadeira, em geral produzia um pânico momentâneo em sua audiência, que imediatamente começava a se afastar dele.

O problema com o que lhe ensinaram era que, embora pudesse ser exato, referia-se somente a seu produto, e não ao que ele oferecia aos clientes.

Como Frank poderia beneficiar sua audiência nos momentos em que ela não estivesse pretendendo adquirir um plano? Ela provavelmente pensaria "e daí?", e uma oportunidade teria sido perdida.

Explicar a "declaração de posicionamento e daí" e um pouco de orientação fizeram uma enorme diferença em como passou a responder à questão "o que você faz?" Agora, sua resposta é clara, convincente e relevante para a audiência, como você verá.

Frank acabou de chegar a seu campo de golfe favorito e foi apresentado a outros dois membros do jogo de duplas, que eram proprietários de empresas. Antes de começar o jogo, um dos empresários perguntou a Frank: "E então, o que você faz?"

Sem perder um segundo e de maneira espontânea, Frank falou: "Você sabia que a maioria dos empresários tem um diretor financeiro para ajudar a administrar o dinheiro da companhia?"

O proprietário de empresa respondeu: "Sim" (a essa altura o outro empresário também estava ouvindo).

"Bem, o que eu faço é trabalhar como diretor financeiro pessoal para meus clientes, ajudando-os a tornarem seu trabalho opcional."

"Como você faz isso?"

Frank disse: "Ficarei feliz em contar mais sobre isso depois da partida. Por ora, vamos desfrutar do golfe".

Por dentro, Frank estava confiante, sabendo que disse exatamente o que havia ensaiado, embora tivesse parecido espontâneo e sem roteiro.

Ele me ligou quando estava indo para casa. "Não acredito que funcionou tão bem." Ele me contou o que aconteceu no campo de golfe, e acrescentou: "Tenho encontros agendados com ambos (individualmente) para a próxima semana".

Embora a "declaração de posicionamento e daí" de Frank parecesse simples, levou três horas para ser criada, e isso sem considerar o tempo que ele gastou ensaiando. Parte desse processo incluiu determinar o perfil do cliente ideal de Frank. Pedi a ele que descrevesse seus cinco melhores clientes e o que ele mais gostava no trabalho com eles. Segundo Frank, quatro deles não precisavam de dinheiro, mas ainda assim trabalhavam com dedicação e afinco. Gostavam do fato de que o trabalho era opcional para eles.

Por meio dessa análise, determinei que as palavras que iríamos usar deveriam ter a ver com o pensamento de alguém que quisesse que o trabalho fosse opcional. Se você pensar em sua declaração de posicionamento como uma isca concebida para pegar determinado tipo de peixe, entenderá que uma pequena mudança pode fazer uma enorme diferença em que tipo de "peixe" você pega. Algumas vezes você pegará algo não previsto, mas o que faz essa abordagem ser única é o fato de conscientemente direcionar sua atenção para encontrar o cliente ideal.

Ao compreender que o segmento de mercado de Frank era composto por empresários que não queriam se aposentar, e que consideravam o trabalho opcional, nós tínhamos o "benefício e daí" mais importante para esse tipo de segmento.

A "declaração de posicionamento e daí" de Frank trouxe dois importantes clientes em potencial que estavam ansiosos para continuar a conversa.

Agora, imagine se Frank tivesse respondido à pergunta "e então, o que você faz?" com "eu vendo planos de previdência privada".

Teria provavelmente arruinado sua partida de golfe.

SE VOCÊ NÃO FOR BEM-SUCEDIDO DA PRIMEIRA VEZ

Normalmente são necessárias três revisões de qualquer "declaração de posicionamento e daí" antes de conseguir criar uma que seja convincente. Utilizar a estrutura ("Você sabia... ? Bem, o que eu faço é...") é o melhor formato que encontrei para começar.

Há outra vantagem de utilizar essa estratégia. Tem a ver com contexto e ocasião.

Algumas pessoas acreditam que qualquer pergunta direta ("O que você faz?") deve somente ser respondida imediata e diretamente ("Eu sou vendedor").

Entretanto, ao utilizar essa abordagem, você ganha um momento para pensar e estabelecer o que chamo de patrimônio psíquico — palavras, imagens e sentimentos que você quer que as pessoas associem a você e a seu produto ou serviço. E essa pausa avisa subconscientemente a sua audiência que eles não ouvirão uma resposta comum.

Ao fazer a pergunta "você sabia que muitas pessoas não gostam do processo de comprar um carro novo porque não gostam de lidar com vendedores?", Floyd utilizou o conceito psicológico chamado "a verdade irrefutável". Ele expressou uma afirmação em que quase todos acreditam, e ela teve o efeito natural de fazer as pessoas concordarem.

Quase todos os grandes comunicadores, de presidentes a apresentadores, utilizam essa estratégia. Falamos anteriormente da preparação feita por Ronald Reagan, mas ele também era conhecido por utilizar o conceito da verdade irrefutável em seus discursos. Por exemplo, durante um discurso do Estado da União, ele disse: "Nosso código tributário é muito complexo", e pegou uma pilha de papéis com mais de 30 centímetros de altura para provar a afirmação. A verdade irrefutável ajuda a criar um contexto em que as pessoas dão sinais de que concordam com você e de que estão dispostas a escutar o que dirá em seguida.

Essa abordagem preparou o terreno para Floyd dizer: "Bem, o que eu faço é..."

O fato é que em praticamente 50% do tempo as pessoas não estão mentalmente engajadas naquilo que você está dizendo, até que consiga prender a atenção delas. A "declaração de posicionamento e daí" age como um gancho para chamar a atenção delas antes que você arremate sua fala.

Pense na forma como a mídia utiliza o "gancho", tanto em notícias de jornais quanto de televisão, para prender a atenção, fazendo que você queira saber o resto da história. "Suco de laranja que poderia matá-lo... mais no noticiário das 11h" tem maior probabilidade de chamar sua atenção do que "Nova pesquisa sobre sucos cítricos publicada no *Jornal da Microbiologia*".

Se a audiência não entender a sua pergunta retórica ("Você sabia que... ?"), ou não concordar com ela, então é improvável que reagirá a qualquer coisa que você venha a dizer como arremate ("Bem, o que faço é..."). É exatamente por isso que você precisa preparar sua "declaração de posicionamento e daí" de maneira tão cuidadosa.

Proponho que desenvolva pelo menos duas versões da "declaração de posicionamento e daí".

Frank desenvolveu, para as pessoas que não fazem parte de seu principal segmento de mercado (familiares, vizinhos, alguém que encontre por acaso), uma versão genérica de resposta para a questão "então, o que você faz?", e a utiliza para esclarecer o que realmente faz. Frank também desenvolveu uma "versão para o principal segmento de mercado" dirigida às pessoas que se enquadram no perfil do cliente ideal (utilizada no caso citado anteriormente).

Eis as duas declarações de posicionamento de Frank:[1]

> ***Versão genérica:*** *Você sabia que a maioria das pessoas fica preocupada com a falta de dinheiro na aposentadoria? Bem, o que eu faço é ajudá-las a terem um fluxo de rendimento para conseguir sobreviver.*

1 Visite o site sowhatbook.com para encontrar uma variedade de "declarações de posicionamento e daí" para diferentes serviços e setores.

Versão para o mercado-alvo: *Você sabia que a maioria dos proprietários de empresas tem um diretor financeiro para ajudar a administrar o dinheiro da companhia? Bem, o que faço é trabalhar como diretor financeiro pessoal para meus clientes, ajudando-os a tornar seu trabalho opcional.*

Mesmo que os ouvintes não precisem de seu produto ou serviço, se eles conseguirem lembrar o que você faz, haverá uma grande chance de que saibam quem pode se beneficiar com aquilo que você faz.

Depois que passar a utilizar a "declaração de posicionamento e daí", você ficará imaginando por que levou tanto tempo para descobrir que ela existia.

Recebi um e-mail de um consultor de empresas chamado Bob que me contou que, após completar sua "declaração de posicionamento e daí" em minha palestra, voltou para casa e praticou com sua filha de 13 anos. Ele disse: "Você sabia que é importante escolher as palavras certas para passar uma informação fundamental a um amigo? Bem, o que eu faço é ajudar as empresas a escolherem as palavras corretas para comunicar o que as tornam importantes a seus clientes". Então a filha respondeu que aquela tinha sido a primeira vez que entendia de verdade o que ele fazia no trabalho, apesar de ele já ter tentado explicar muitas vezes. Antes disso, Bob teria dito: "Eu ajudo a integrar as comunicações de ponta a ponta, focadas no cliente e com valor agregado para fortalecer a eficácia da comunicação dos empregados". Não era à toa que sua filha (e quase todo mundo que ouvia sua explicação) sempre ficava confusa!

O GERADOR DE "DECLARAÇÃO DE POSICIONAMENTO E DAÍ"

Como você pode descobrir qual será sua melhor "declaração de posicionamento e daí"? Utilizando esta abordagem:

Passo 1: Determine as principais questões enfrentadas por seus clientes e clientes em potencial.

Faça a pergunta dessa forma: Quais são as três principais preocupações que meus clientes (e potenciais clientes) têm? Então, simplesmente liste suas respostas:

A.

B.

C.

Passo 2: Quais são as três coisas que você faz para dar uma solução às principais preocupações deles?

A.

B.

C.

Passo 3: Escolha a mais relevante das três preocupações e a melhor solução para ela, levantada no passo 2.

Pegue as duas e coloque-as no formato:

- Você sabia que...? (insira a principal preocupação).
- Bem, o que eu faço é... (insira o que você faz para sanar essa preocupação).

Eis um exemplo. Digamos que você seja um consultor financeiro:

Passo 1: Determine as principais preocupações de seus clientes e clientes em potencial.

Suas respostas poderiam ser as seguintes:

A. Estão preocupados em ficar sem dinheiro na aposentadoria.
B. Estão preocupados que uma doença catastrófica possa acabar com suas economias.
C. Querem deixar algum dinheiro para os filhos.

Passo 2: Determine três coisas que você faz para dar uma solução às principais preocupações:

A. Oferecer um rendimento garantido.
B. Oferecer um seguro-saúde.
C. Oferecer aos filhos um rendimento isento de impostos.

Passo 3: Escolher a mais relevante das três preocupações do passo 1 e a melhor alternativa do passo 2.

Vamos supor que o cliente esteja mais preocupado em ter dinheiro para se sustentar durante a aposentadoria (resposta A do passo 1). Evidentemente, a resposta A do passo 2 é a melhor.

Portanto, pegue as respostas 1A e 2A e coloque-as no formato:

> Você sabia que...? (insira a preocupação principal).
> O que eu faço é... (insira o que você faz para sanar essa preocupação).

O resultado será algo como:

> Você sabia que muitas pessoas se preocupam em ficar sem dinheiro quando se aposentam? Bem, o que eu faço é ajudá-las a criar um fluxo garantido de rendimentos para o resto da vida.

Embora grandes "comunicadores e daí" entendam a importância de fazer seu dever de casa e não improvisar, eles também entendem que, de vez em quando, encontram alguém que pode fazer grande diferença em sua vida ao causar uma boa primeira impressão. Sua "declaração de posicionamento e daí" o ajuda a tirar vantagem dessas oportunidades casuais.

IDEIAS PARA GUARDAR

1. Se você não tem uma boa resposta para "O que você faz para viver?", está perdendo uma excelente oportunidade.
2. A resposta para a pergunta "Então, o que você faz?" precisa ser clara, convincente e relevante para o público.
3. Pratique sua "declaração de posicionamento e daí" até o ponto que pareça completamente espontânea. Excelentes atores ensaiam constantemente seu texto para que, ao se apresentarem, a fala pareça natural e sem roteiro. Com sua "declaração de posicionamento e daí" não deve ser diferente.

CAPÍTULO NOVE

AMARRE UM BARBANTE NO DEDO

"É A ECONOMIA, ESTÚPIDO."

— JAMES CARVILLE

Agora que você entendeu a importância do "benefício e daí" (veja o Capítulo 5, "Em que isso interessa?") e determinou qual faceta de seu produto, ideia ou serviço quer focar, pode pensar que o trabalho está feito.

Não ainda.

Acontece que determinar o "benefício e daí" é um bom começo, mas não o suficiente para obter sucesso ao longo do tempo, como você verá.

Para apresentar a questão, vamos comparar e contrastar a história de dois refrigerantes.

O primeiro foi anunciado como remédio que poderia ajudar a "se recuperar de exaustão nervosa, falta de ânimo e desamparo". Embora soasse como o mais novo antidepressivo das gigantescas empresas farmacêuticas, era na verdade o "benefício e daí" utilizado para descrever o primeiro refrigerante do tipo cola, Moxie.

Moxie Nerve Food,* como era conhecido na época, foi inicialmente lançado como remédio, assim como todos os primeiros refrigerantes dos Estados Unidos. Criado em 1876 por Augustin Thompson em Lowell, Massachusetts, Moxie foi um enorme sucesso na Feira Mundial de St. Louis em 1904.

Na década de 1920, Moxie era o refrigerante mais popular nos Estados Unidos — superando tanto a Coca-Cola quanto a Pepsi. Seu nome chegou até mesmo a ser incorporado ao vocabulário como sinônimo de ânimo ou entusiasmo. (Invariavelmente, nos *sets* de filmagem na década de 1930, uma pessoa independente e obstinada [em geral a estrela] era descrita como "tendo Moxie".)

A propaganda do Moxie enfatizava o fato de ser amarga, destacando que era "a bebida para aqueles que são especiais em tudo". Havia *jingle*, aval de celebridades e vendas sempre crescentes.

Então por que hoje o Moxie não domina a seção de refrigerantes de seu supermercado?

O que deu errado?

Bem, quando a depressão começou, a Companhia Moxie decidiu cortar todas as propagandas, o que foi um enorme erro, pois começou a perder participação no mercado para a Coca-Cola.

Você ainda pode encontrar algumas latas de Moxie em certas lojas de New England, embora a companhia não seja mais independente. Hoje ela pertence a uma engarrafadora local em New England franqueada pela Coca-Cola.

---

* Moxie, Alimento que Revigora, em tradução livre. (N.T.)

Uma marca que já foi grande está totalmente esquecida.

Agora vamos voltar nossa atenção para a Coca-Cola, que foi criada exatamente uma década depois do Moxie.

O farmacêutico de Atlanta, John Pemberton, que estava tentando desenvolver uma cura para a dor de cabeça, misturou o primeiro lote do onipresente refrigerante em 1886. Seu contador, Frank Robinson, batizou a invenção de Coca-Cola — porque o xarope do refrigerante continha um extrato de folhas de *coca* e nozes de *cola* — e escreveu o nome no folheto descritivo que conhecemos até hoje.

A Coca-Cola foi uma das primeiras corporações a alavancar a propaganda de massa para construir uma consciência da marca e constantemente lembrar ao mercado sobre seu produto. Robert Woodruff, o homem que transformou a Coca na empresa mundial que é hoje, disse certa feita que "não descansaria até que se pudesse comprar uma Coca em qualquer lugar e a qualquer hora".

Woodruff, eleito presidente da Coca-Cola em 1923, aos 33 anos, era um gênio do marketing que viu oportunidades de expansão em toda parte. Ele forçou o desenvolvimento e a distribuição do pacote de seis unidades, e em 1929 promoveu um revolucionário avanço: uma geladeira de metal para ser aberta por cima que tornou possível que a Coca-Cola fosse servida gelada nos pontos de venda. Ao disponibilizá-la dessa maneira, Woodruff estimulou as pessoas a beber Coca-Cola em casa ou na rua, destacando seu posicionamento na época como "a pausa que refresca". O slogan era um simples lembrete de que você se sentiria melhor se fizesse uma parada e tomasse uma Coca.

Cada geladeira com abertura superior reforçava o logo vermelho e branco característico da marca. Mesmo a garrafa de vidro de contorno exclusivo — que ainda é uma das embalagens mais reconhecidas do planeta — tinha seu "benefício e daí". Ela era reconhecida mesmo no escuro, dentro de suas geladeiras sem iluminação!

Ao longo dos últimos 125 anos, parte do que fez que a Coca-Cola tivesse tanto sucesso é que sua imagem como o principal refrigerante dos Estados Unidos permaneceu absolutamente constante — com exceção do imprudente experimento conhecido como New Coke.*

Esse é o melhor exemplo que conheço do que você precisa fazer depois de identificar o "benefício e daí" de seu produto. Precisa garantir que seu produto ou serviço esteja sempre visível e consistente, e que o "benefício e daí" seja constantemente repetido.

Tudo isso se soma ao que chamo de **"lembrança e daí"**. Você precisa falar constantemente às pessoas sobre o benefício, e tem de fazer isso logo. Na era digital estamos todos ocupados e temos uma quantidade limitada de atenção a dar a qualquer coisa nova, mesmo que seja algo que possa nos beneficiar. Como consumidores, desenvolvemos uma

---

* Tentativa da Coca-Cola de mudar sua fórmula em 1985, mas a reação do consumidor norte-americano foi péssima, e a New Coke se tornou um grande fracasso de marketing. A fórmula original teve de ser relançada com o nome "Coca-Cola Classic". (N.T.)

armadura de proteção para ajudar a nos defender das mensagens comerciais que nos bombardeiam por ar, mar e terra. Mesmo quando descobrimos alguém ou algo com um "benefício e daí" especial, podemos esquecê-lo; por isso, continua sendo importante lembrar as pessoas de que nossos produtos/serviços existem.

A Coca fez isso de maneira brilhante.

Vamos ver como a Coca-Cola utilizou a **visibilidade**, a **consistência** e a **repetição** para dominar o mercado de refrigerante no mundo:

1. **Visibilidade.** Você pode encontrar a Coca-Cola em qualquer lugar do mundo. Eis um simples exemplo de como isso aconteceu. No início da Segunda Guerra Mundial, Woodruff decretou que "todo homem em uniforme consiga uma garrafa de Coca-Cola por 5 centavos em qualquer lugar que esteja, ou qualquer que seja o custo para a companhia (o que for menor)". Um níquel era o que John Pemberton estava cobrando em 1886, logo que inventou o produto em sua farmácia.
2. Embora a Companhia Coca-Cola não tivesse muito lucro com essa abordagem na época, ela ganhou algo muito mais valioso — exposição por toda a Europa e Pacífico por meio dos soldados americanos, que carregavam a bebida com eles. Até o final da guerra, literalmente milhões de pessoas dessas duas partes do globo tinham tido contato com o refrigerante. Em 1960, o número de países com companhias engarrafadoras de Coca-Cola

havia quase dobrado, e a Coca se tornou o refrigerante de mais destaque em todo o mundo.

3. **Consistência**. O visual consistente de sua garrafa e seu *slogan* característico ajudaram a imprimir a conexão com a Coca-Cola de geração a geração. O resultado disso? Um valor da marca, de acordo com a *Business Week* 2008, de 58 bilhões de dólares — *só pelo nome e logotipo da companhia.*
4. **Repetição**. Sim, é claro que você vê anúncios da Coca-Cola em todo lugar. Mas, se tudo o que a companhia fizesse fosse toda vez repetir o mesmo *slogan,* você pararia rapidamente de prestar atenção. Por isso a mensagem de marketing da empresa muda ao longo do tempo — não tantas vezes para não confundir, mas com uma frequência suficiente para nos manter prestando atenção à marca.

Segue um exemplo de como a Coca-Cola tem continuamente atualizado seus *slogans* e seu posicionamento por meio da propaganda ao longo do tempo:

1886 — Beba Coca-Cola.
1904 — Deliciosa e refrescante.
1905 — Coca-Cola reanima e sustenta.
1906 — A bebida nacional de grande sobriedade.
1908 — Boa até a última gota.
1917 — Três milhões por dia.
1922 — A sede não conhece estação.
1923 — Aprecie a vida.

1924 — Refresque-se.
1925 — Seis milhões por dia.
1926 — Tem que ser boa para chegar aonde está.
1927 — Pura como a luz do sol.
1927 — Na esquina de qualquer lugar do mundo.
1928 — Coca-Cola... bebida pura de sabor natural.
1929 — A pausa que refresca.
1932 — Nascer do sol gelado.
1938 — A melhor amiga da sede.
1938 — A sede não pede nada mais.
1939 — A Coca-Cola vai junto.
1939 — A Coca-Cola tem o sabor que a sede procura.
1939 — Seja você quem for, faça o que fizer, onde quer que esteja, quando pensar em algo refrescante, pense em Coca-Cola gelada.
1942 — A única coisa parecida com a Coca-Cola é a própria Coca-Cola.
1948 — Onde há Coca, há hospitalidade.
1952 — O que você quer é uma Coca.
1956 — Coca-Cola... faz as boas coisas terem melhor sabor.
1957 — Sinal de bom gosto.
1958 — O gelado, ondulado sabor de Coca-Cola.
1959 — Refresque-se de verdade.
1963 — Tudo vai melhor com Coca-Cola.
1969 — O sabor verdadeiro.
1975 — Prospere América (somente nos EUA).
1976 — Coca-Cola dá mais vida.

1979 — Tenha uma Coca-Cola e um sorriso.
1982 — Coca-Cola é isso aí!
1985 — A verdadeira escolha da América (somente nos EUA).
1986 — Vermelho, branco & você (para a Coca-Cola Classic).
1986 — Pegue esta onda (para a New Coke).
1987 — Você não pode vencer o sentimento.
1990 — Você não pode vencer a coisa real (somente para os EUA e Canadá).
1993 — Sempre Coca-Cola.
2000 — Curta Coca-Cola.
2001 — Gostoso é viver.
2003 — Essa é a real (Brasil).
2003 — Torne-a verdadeira (somente para o Reino Unido e a República da Irlanda).
2003 — Como deve ser (somente para a Austrália e Nova Zelândia).
2006 — O lado Coca-Cola da vida.
2008 — Brrrrr.

Em contrapartida, a Moxie não empregou uma estratégia de "lembrança e daí". Como parte de seu corte de custos durante os duros momentos econômicos, a companhia também cortou a verba para distribuição a fim de se concentrar nos principais mercados e, embora o produto permanecesse consistente, ninguém mais sabia dele, pois também houve redução no orçamento em promoção e propaganda. Como acontece muito frequentemente com as companhias que usam essa resposta automática quando passam por períodos difíceis, a Moxie entrou em uma espiral de morte da qual nunca mais saiu.

Não digo que se deva passar fome para obter sucesso empresarial. A Coca-Cola provou isso. Sua coragem para expandir a promoção e propaganda durante a pior depressão econômica do século XX estabeleceu as bases para que colhesse enormes dividendos e se tornasse líder do setor. E não foi apenas a Coca. Outras companhias importantes como General Electric e Procter & Gamble não apenas sobreviveram como saíram desse ciclo econômico como as líderes do setor.

VOCÊ PRECISA LEMBRAR

Uma das ironias do sistema de livre empresa é que no momento em que a companhia atinge o ápice, ela quase sempre perde o espírito empreendedor da inovação e o desejo de constante aperfeiçoamento que no início a fizeram ter sucesso. Ela se torna, como se diz popularmente, "gorda, tola e feliz".

A "lembrança e daí" faz que você refine, atualize e renove a maneira como pensa e comunica o que faz ou vende, de maneira a continuar sendo relevante em um mundo sempre em mudança.

Vamos analisar alguns exemplos em que a "lembrança e daí" ajudou a fazer a diferença no sucesso de uma ideia ou produto.

Política

No que talvez seja a mais conhecida ilustração da "lembrança e daí", o consultor político James Carville pendurou um aviso no escritório central para lembrar a todos que trabalhavam na campanha presidencial de Bill Clinton que o "benefício e daí" da campanha eleitoral de 1992 era: "É a economia, estúpido".

Teria sido muito fácil "sair da mensagem" e começar a falar sobre uma ampla gama de assuntos — de diplomacia internacional a questões raciais. Em vez disso, a estratégia simples de Carville ajudou a equipe de campanha a ficar firmemente focada em seu principal "benefício e daí", que era melhorar a economia com base em novas ideias de uma nova administração.

Religião

Embora seja fácil criticar as falhas das grandes religiões de nosso tempo, o fato é que ainda podemos aprender bastante com instituições que em alguns casos sobreviveram durante milhares de anos. Alguns dos mais poderosos comunicadores religiosos, como Billy Graham e Martin Luther King Jr., compreenderam intuitivamente de que maneira pegar uma ideia antiga e torná-la mais uma vez nova e relevante.

Ouvi um dos discursos gravados de Luther King em que ele conta a tradicional história bíblica do Bom Samaritano. No começo fiquei pensando se essa parábola de dois mil anos atrás, que apela a todos nós para termos compaixão por nossos vizinhos, tinha alguma relevância no mundo de hoje. Luther King deu à história uma nova perspectiva e sentido ao dizer que o relato do Bom Samaritano era realmente sobre mudar as questões que fazemos a nós mesmos. Por exemplo, em vez de perguntar: "O que me acontecerá se eu ajudar essa pessoa?", o Bom Samaritano pergunta: "O que acontecerá com essa pessoa se eu não a ajudar?"

Ele lembrou à sua audiência — utilizando uma história antiga e familiar — que ela estava diante do mesmo dilema do Bom Samaritano há mais de mil anos. Toda semana, em cultos ao redor do mundo, líderes religiosos praticam a "lembrança e daí" ao renovar uma ideia antiga, transformando-a em um novo contexto para que se torne relevante às suas audiências atuais.

Não subestime o poder de lembrar as pessoas sobre diferentes facetas da mesma mensagem, semana após semana, mês após mês e ano após ano.

Fast-food

Dois hambúrgueres, alface, queijo, molho especial, cebola e picles num pão com gergelim. Originalmente os ingredientes apareceram como um título em uma única palavra para um anúncio desenvolvido pelo McDonald's para jornais de faculdades. O propósito do anúncio foi transformar os ingredientes em um trava-língua. O *jingle* apareceu primeiro em um comercial de TV intitulado "Em uma palavra", que foi veiculado somente por 18 meses em 1975 e 1976,* mas permanece na lembrança quase trinta anos depois.

O que esses três exemplos têm em comum?

A incansável estratégia de lembrar o público-alvo sobre o "benefício e daí" do candidato, mensagem ou produto em questão. A repetição é uma necessidade. Você simplesmen-

* Nos EUA. (N.T.)

te não pode esperar que o "benefício e daí" do que está oferecendo chegue à sua audiência no primeiro momento que o mencionar. As pessoas podem não estar prestando atenção. E, mesmo se estiverem, há poucas coisas que ouvimos uma vez e lembramos para sempre.

A utilização da estratégia da visibilidade, consistência e repetição ajudará o público-alvo a lembrar de seu "benefício e daí".

Analise os últimos doze meses. O que você fez para manter "o barbante amarrado no dedo de seus clientes?"

IDEIAS PARA GUARDAR

1. A "lembrança e daí" é o processo de refinar, atualizar e renovar a maneira como pensa e comunica o que faz ou vende, de forma a continuar a ser relevante mesmo quando os tempos e as circunstâncias mudam.
2. O refrigerante Moxie parou de lembrar as pessoas por que elas deveriam beber seu produto; a Coca-Cola, não — utilizando brilhantemente a visibilidade, a consistência e a repetição. Qual refrigerante é mais provável que você tenha em sua geladeira?
3. Para aplicar a "lembrança e daí", determine se sua mensagem ainda é relevante e, se for, aproveite o poder dessa estratégia para assegurar que permaneça assim.

CAPÍTULO DEZ

SAINDO DE ONDE VOCÊ ESTÁ PARA **ONDE QUER CHEGAR**

> "UMA NOVA IDEIA É PRIMEIRO CONDENADA
> E DEPOIS REJEITADA COMO TRIVIAL,
> ATÉ QUE FINALMENTE SE TORNE O
> QUE TODO MUNDO SABE."
>
> — WILLIAM JAMES

Em 12 de setembro de 1962, o presidente John F. Kennedy declarou o seguinte:

> *Escolhemos ir para a Lua nesta década... não porque é fácil, mas porque é difícil. Porque essa meta servirá para organizar e medir o melhor de nossas energias e habilidades, porque esse desafio é o que estamos dispostos a aceitar; é um que não queremos adiar e que pretendemos vencer.*

Com essas palavras, ele anunciou seu desejo de levar o homem até a Lua e trazê-lo de volta à Terra em segurança antes do final da década.

Quando fez esse discurso na Universidade Rice, em Houston, os Estados Unidos ainda estavam inseguros com o fato de a União Soviética ter saído na frente na corrida espacial. Em 1957, os russos tinham lançado o Sputnik, um satélite não pilotado, e quatro anos depois enviaram o primeiro homem ao espaço.

Na mensagem, Kennedy utilizou o "filtro e daí" para pensar por que os cidadãos dos Estados Unidos estariam interessados em investir seu tempo, energia e uma quantidade enorme de recursos financeiros — 25 bilhões de dólares em 1962, ou cerca de 175 bilhões de dólares em 2008 — para enviar um americano à Lua.

Quando ele disse "escolhemos ir para a Lua", um único americano havia estado em órbita da Terra com sucesso, John Glenn, mas não por muito tempo. A espaçonave de Glenn, *Friendship 7,* completou somente três voltas ao redor da Terra em 20 de fevereiro de 1962, e o voo foi concluído em menos de cinco horas.

Muitos funcionários da Nasa duvidaram se a meta ambiciosa de Kennedy poderia ser alcançada. Mas, ao agregar de maneira brilhante o sucesso do programa espacial ao orgulho nacional, o presidente conseguiu fornecer um "benefício e daí" em resposta à questão de por que os Estados Unidos deveriam fazer um investimento para ir à Lua.

Em resumo, Kennedy entendeu o poder de apelar para as emoções das pessoas, em vez de tentar convencê-las com lógica, explicando que trazer amostras de rochas lunares para a Terra poderia interessar a mais alguém além de alguns geólogos. Por isso ele enfatizou o componente emocional do programa espacial — o orgulho que todos poderíamos sentir ao conseguir o que parecia impossível —, e não o tangível.

Ele entendeu ainda que alcançar essa meta não resultaria apenas no direito de divulgação dos Estados Unidos, mas também seria uma poderosa mensagem ao resto do mundo — até mesmo para aquela parte atrás da Cortina de Ferro — de que o país seria capaz e do que seria possível fazer em uma sociedade democrática.

Kennedy também entendeu a "lembrança e daí". Ele sabia que não adiantava falar somente uma vez sobre enviar um homem à Lua e pensar que todo o país ficaria por trás dando apoio. Por exemplo, a Nasa lançou uma enorme campanha de relações públicas que transformou os astronautas em estrelas de rock. A imprensa foi convidada para acompanhar o programa de treinamento deles, de forma que o público pudesse ver em primeira mão como seria a preparação.

Todo esse esforço culminou em 20 de julho de 1969, quando, como disse a Nasa com orgulho justificável: "A raça humana alcançou a maior conquista tecnológica de todos os tempos quando o homem pôs os pés pela primeira vez em outro corpo celeste".

Então, o que isso significa para você? Embora Kennedy não tivesse vivido para ver a realização desse sonho, como um "comunicador e daí" ele demonstrou que uma nova mentalidade poderia gerar a liderança, a confiança e o direcionamento de que os Estados Unidos precisavam para tornar possível o impossível.

No século XXI, sua habilidade em dar à audiência a liderança, a confiança e o direcionamento sobre o futuro dela não é menos importante do que foi no dia do presidente Kennedy. Ao utilizar a "mentalidade e daí" para esclarecer seu pensamento, você conseguirá comunicar aquilo que mais interessa à sua audiência baseado no que quer realizar.

Kennedy não perguntou aos americanos se eles queriam decidir se deveriam manter a meta de ir para a Lua. Em vez disso, ele decidiu como líder e comandante, demonstrando que isso era algo importante a fazer e que, no final, beneficiaria a todos.

Se Kennedy não tivesse a habilidade de transformar sua visão em uma comunicação que motivasse o povo americano, ele poderia ter terminado como tantas pessoas que não conhecem a "mentalidade e daí": teria visto uma ideia arrojada evoluir para absolutamente nada.

O desafio de 21 dias

Kennedy recebeu ajuda de alguns coaches — redatores de discursos, conselheiros políticos e seus irmãos (um era procurador-geral dos EUA e o outro logo seria senador) — para estruturar sua mensagem de forma que entrasse em consonância com as ideias do mercado-alvo: o povo americano.

Eu tive coaches que me ajudaram a desenvolver meus hábitos de pensamento de uma nova maneira.

Agora, estou aqui para orientar você na adoção das estratégias deste livro para ajudá-lo a comunicar suas ideias de forma que façam conexão com sua audiência.

Já foi dito que "somente o medíocre está sempre no seu melhor". Se você leu até aqui já entendeu que a mediocridade e a complacência não são aceitáveis.

O QUE FAZER AGORA

A maioria das pessoas entende que são precisos 21 dias de reforço consistente para estabelecer uma nova ideia ou hábito. Convido você a se juntar à nossa comunidade e a participar do desafio de 21 dias. Essa oportunidade exige que você invista dois minutos por dia nos próximos 21 dias para ler uma curta passagem ou assistir a um breve vídeo concebido para reforçar um dos principais conceitos deste livro: recondicionar seu pensamento de forma que você desenvolva a "mentalidade e daí".

Você pode participar desse desafio inscrevendo-se para receber um e-mail lembrete diário, que será enviado durante 21 dias; acesse o site sowhatbook.com para mais detalhes (site em inglês).

Ao desenvolver essa mentalidade, você será capaz de transformar em realidade suas grandes ideias, mesmo aquelas consideradas "impossíveis", porque saberá engajar os talentos de outras pessoas, mostrando o que interessa para elas. O melhor de tudo é que após 21 dias essa nova abordagem não exigirá esforço, pois, a partir desse ponto, será uma parte inconsciente mas integrante de seu pensamento.

Um pensamento final

Deixo você com as palavras de Ralph Waldo Emerson, alguém que tem uma clara compreensão do *E daí? Como comunicar o que realmente interessa para seu público*. Ele disse:

> *UMA DAS BELAS COMPENSAÇÕES DA VIDA É QUE NENHUM HOMEM PODE*

SINCERAMENTE TENTAR AJUDAR O OUTRO SEM AJUDAR A SI MESMO.

IDEIAS PARA GUARDAR

1. Encontre o "benefício e daí" naquilo que está promovendo ou vendendo. Kennedy o encontrou (isto é, o orgulho nacional) para responder à questão de por que os americanos deveriam fazer um investimento para ir à Lua.
2. Utilize a "lembrança e daí" para conservar sua audiência engajada. Kennedy a utilizou para transformar os astronautas em astros de rock e manter o público envolvido.
3. Recrute a ajuda de coaches para alavancar sua força e minimizar suas fraquezas. Kennedy teve a ajuda de alguns coaches para estruturar sua mensagem de forma que entrasse em consonância com as ideias do povo americano.

PARA FINALIZAR

Na escrita chinesa, o símbolo de "crise" é normalmente retratado com os caracteres que representam tanto perigo quanto oportunidade.

Lembrei-me disso há pouco tempo, quando o colapso do mercado de ações de 2008, que fez parte da pior recessão que experimentamos em mais de setenta anos, foi classificado claramente como crise. No entanto, embora seja verdade que essa mudança traz, tanto individual como coletivamente, um perigo, ela também representa uma tremenda oportunidade.

O que você leu neste livro foi concebido para ajudá-lo a se tornar indispensável em qualquer ciclo econômico. Se os ensinamentos servirem para algo, serão ainda mais importantes durante uma recessão.

No Capítulo 9, "Amarre um barbante no dedo", contei como a Moxie cortou custos durante a Grande Depressão enquanto a Coca continuou a praticar visibilidade, consistência e repetição. A Moxie é agora uma nota de rodapé na história dos refrigerantes do país, ao passo que a Coca continua a prosperar.

Bem, estou assistindo a uma reprise dessa situação em nosso atual infortúnio econômico. Em 2008, enquanto a recessão continuava a piorar, a Coca deu um passo arrojado e, nas Olimpíadas de Pequim, fez um investimento significativo para introduzir seu produto a mais de 1,3 bilhão de chineses. Parte do desafio era que a maior parte das pessoas na

China não toma sua bebida gelada, mas à temperatura ambiente ou quente. A empresa percebeu que, para fazer que seu produto fosse aceito, teria de mudar essa norma cultural apresentando as pessoas ao conceito de Coca gelada durante as Olimpíadas. A constante repetição e a visibilidade nos jogos ajudaram a posicionar a Coca para o sucesso. Quando as Olimpíadas terminaram, de acordo com um artigo do *Wall Street Journal*, 43% do povo chinês sabia que a Coca havia patrocinado os jogos. Apenas 3% dos chineses conseguiram dizer o nome de outro patrocinador.

A Coca-Cola não parou por aí. Em outro movimento arrojado em janeiro de 2009, o *Journal* noticiou: "Coca aposta em vendas na Rússia mesmo com economia caindo". De acordo com Muhtar Kent, CEO da companhia: "Tempos como estes não são desculpa para ficar sentado e fugir da tempestade". Embora a recessão tenha derrubado muitas empresas no mundo, a Coca-Cola representa o outro lado da crise: empresas que se mantiveram relativamente bem e planejam expandir seus impérios durante o período de incerteza.

Como você pode ver, passados 75 anos, Kent utilizou o livro de estratégias criado por um antigo CEO, Robert Woodruff. Ao intensificar o marketing da companhia, com visibilidade, consistência e repetição, quando os tempos estão ruins, ele posiciona a empresa para o sucesso no momento em que a economia virar.

Com isto em mente:

- Você está seguindo o livro de estratégias da Moxie ou da Coca?

- O que você pode fazer para demonstrar a visibilidade, consistência e repetição de sua mensagem?
- Com sua concorrência cortando custos, seria o momento de você agir de maneira arrojada?

A experiência da Coca mostra que não existe nenhum passe de mágica. O simples fato é que você precisa investir tempo e energia respondendo incansavelmente à "questão e daí" até que se torne um hábito. As oportunidades são maiores agora porque há uma mudança de guarda em muitas empresas ao redor do mundo. Muitos dos velhos relacionamentos e barreiras que alguma vez o mantiveram fora estão efetivamente caindo (claro que as pessoas com as quais você trabalhou no passado podem também não estar mais nas mesmas funções, significando que terá de explicar novamente por que a empresa deveria fazer negócios com você).

Isso significa que agora, mais do que nunca, você precisa afinar sua "mensagem e daí" e, portanto, *praticá-la deliberadamente* com frequência.

Esse é um conceito que Geoffrey Colvin capturou perfeitamente em um artigo para a revista *Fortune*, intitulado: "O que é preciso para ser grande".

Colvin destacou corretamente que existe uma diferença entre a prática e o que os de melhor desempenho fazem — algo que ele descreve como "prática deliberada". "É uma atividade com intenção explícita de aperfeiçoar o desempenho, buscando objetivos um pouco além do nível de competência de alguém, fornecendo retorno sobre os resultados e envolvendo altos níveis de repetição".

Como exemplo, Colvin citou: "Bater um balde de bolas de golfe não é prática deliberada, o que explica por que a maioria dos jogadores não melhora seu jogo. Bater com ferro oito trezentas vezes, com o objetivo de deixar a bola a menos de seis metros do pino em 80% das vezes enquanto observa os resultados e faz os ajustes devidos, todos os dias, por várias horas — isso sim é prática deliberada".

Você precisa se engajar em uma prática deliberada quando for trabalhar sua "mensagem e daí", principalmente em tempos difíceis (releia a seção "O desafio de 21 dias" no Capítulo 10, "Saindo de onde você está para onde quer chegar", para saber como fazer isso. No site sowhatbook.com você também encontrará alguns vídeos e ferramentas de treinamento que apoiam as já testadas ideias-chave deste livro e facilitam a incorporação da "mensagem e daí" em sua rotina).

Este livro também pode ser a base de seu programa interno de treinamento. Por exemplo, você pode adquirir um exemplar do livro para cada um de seus subordinados diretos e a partir daí pegar, a cada semana, uma das ideias como foco de discussão na reunião de equipe.

Por exemplo, na semana 1, você poderia perguntar: Como podemos desenvolver a "mensagem e daí" na organização como um todo?

Na semana 2: Qual é o "benefício e daí" que oferecemos?

Na semana 3: Como podemos nos assegurar de que tudo o que fazemos passará no "teste e daí"?

Na semana 4: Como conseguir engajar nosso público com a "declaração de posicionamento e daí"?

Na semana 5: Como desenvolver uma "lembrança e daí" para nosso produto e serviço como fez a Coca-Cola?

Você pegou a ideia. Dominar a "mensagem e daí" pode ajudar você, de maneira definitiva, a se tornar indispensável para seus clientes e compradores, independentemente do atual ciclo econômico.

As palavras de Jeff Goldberg, que faleceu em janeiro de 2008, ainda estão em minha mente: "Algumas pessoas fazem acontecer, algumas observam acontecer e algumas se perguntam o que aconteceu".

Sua meta é se tornar uma das pessoas que fazem as coisas acontecerem.

“TUDO DEVERIA SER FEITO DA MANEIRA
MAIS SIMPLES POSSÍVEL, MAS NÃO SIMPLISTA.”

— ALBERT EINSTEIN

GLOSSÁRIO

abertura arrebatadora — Abertura de qualquer apresentação concebida para atrair a atenção de sua audiência.

apresentação (cartão) — A apresentação de 30 segundos, extraída de sua biografia pessoal, é um documento escrito para ajudar a preparar o palco e apresentar você apropriadamente à audiência. Em geral, termina com a frase "por favor, juntem-se a mim para dar as boas-vindas..." Ela não inclui tantas informações quanto sua biografia.

benefício — O que faz a audiência responder com "Adorei. Eu quero. Vou comprar".

benefício ostensivo — Aquele que pode parecer verdadeiro, mas que não é necessariamente o caso.

biografia — Documento escrito sobre você que descreve o benefício que resolverá o problema de seus clientes e consumidores, responderá às questões sobre quem você é, suas qualificações e o que o torna exclusivo. Não é um currículo. Costuma ser utilizado para ajudar a definir o estágio ou a posição de seu valor.

comunicador — Pessoa que entende que aquilo que você faz antes e depois de sua apresentação pode ser tão importante quanto o que faz em seu decorrer; o princípio fundamental para o "comunicador e daí" é permanecer autêntico consigo mesmo.

declaração de posicionamento — Resposta clara, convincente e relevante para a pergunta "O que você faz?" ou "Como você pode me ajudar?"

é sobre eles, não sobre você — A maneira mais rápida de reduzir o nervosismo é focar as necessidades de sua audiência, em vez de se preocupar em como você está aparecendo ou se apresentando diante dela.
filtro — Processo mental interno que atua como as lentes polarizadas, ajudando você a ver o que outros podem estar perdendo, apesar de estar bem diante dos olhos deles.
improvisação — Compor em tempo real aquilo que você vai dizer. Essa palavra se origina de um termo teatral, quando o autor estuda seu texto nos bastidores antes de subir ao palco e não o decora, tendo de ser ajudado por alguém que sopra sua fala. Veja *preparação.*
investigação CSI — Processo para encontrar informações relevantes sobre sua audiência, ajudando-o a desenvolver as questões corretas de forma que comece a compreender o que é mais importante para ela.
lembrança — Processo de refinar, atualizar e renovar tanto a maneira como pensa quanto a forma com a qual comunica o que faz ou vende, para que continue a ser relevante, mesmo quando mudam os tempos e as circunstâncias.
mentalidade — Hábito de fazer a si mesmo a "questão e daí" antes de começar qualquer comunicação.
patrimônio psíquico — Palavras, imagens e sentimentos que as pessoas associam a um produto ou serviço.
perfil do cliente ideal — Processo que ajuda a esclarecer os tipos de pessoas que mais podem se beneficiar com o que você faz.
ponto de partida — Processo de perguntar "Para quê?", "E daí?" e "E então?" para preparar sua apresentação.

preparação — Organização de qualquer situação ou evento de forma discreta para que um efeito ou resultado desejado possa acontecer. Veja *improvisação.*

preparando o palco — Processo de planejar a primeira impressão que você causa em sua audiência.

questionamento — Processo de perguntar a si mesmo que benefício sua audiência recebe daquilo que você está comunicando. Lembre-se de começar no nível da grande questão (nove mil metros de altitude), em vez de começar com a questão tática (nível do mar).

teste e daí — Cada vez que você for se comunicar deverá perguntar a si mesmo o que é importante para sua audiência. Você pensou sobre os principais pontos de sua apresentação sob a perspectiva deles ou eles poderão dizer "e daí?"

verdade irrefutável — Declaração com a qual quase todos podem concordar e tem o efeito natural de fazer as pessoas assentirem com a cabeça em sinal de aprovação.

visibilidade, consistência e repetição — Estratégia objetiva utilizada para lembrar sua audiência sobre o "benefício e daí" do candidato, mensagem ou produto em questão. A repetição é obrigatória.

Este livro foi impresso pela gráfica Arvato do Brasil Gráfica
em papel offset 75 g.